歴史に学ぶ
生命《いのち》の尊厳と人権

芝田英昭 著

自治体研究社

はじめに

22歳で時が止まったままの娘の遺影に線香を供えるのが習慣となって18年が過ぎた。娘は3歳で悪性脳腫瘍を患い、徹底的な抗がん治療を行なったことが要因で、身体障害、軽度知的障害の重複障害者になった。彼女の人生の殆どは辛い治療の連続だったが、いつも笑顔だったのが忘れられない。

娘は今年で〝不惑〟40歳、存命であれば様々な人生経験をしたのかもしれない。勿論、恋愛もし、子どもを授かったかもしれない。

しかし、もし娘が旧優生保護法施行下に生きていたら、強制不妊手術をされたかもしれない。誰もが知っているように、日本では、優生思想に基づき特定の障害・疾患を有する人を「不良」として、その子孫を残さぬようにと強制的に中絶・不妊手術を行うことを容認する旧「優生保護法」が１９４８年に制定された。１９９６年に「母体保護法」に改正されるまでの約半世紀にわたり、知的障害、精神障害、聴覚障害者など（障害の有無が不明な方も多数）に対して2万５０００件以上の強制不妊手術、約5万９０００件の人工妊娠中絶、合計8万４０００件の手術が強制された。

同法は現行日本国憲法が公布された翌年、国会において全会一致で可決・成立したことを考えると、当時の日本が、生命の尊厳・人権に鈍感であったことが窺える。同法は、１９４7年8月に当時の日本社会党議員が国会に上程したが審議未了となり、その後、医師である谷口弥三郎が中心に超党派の議員立法として１９４8年6月に再提案し、同月末に全会一致で可決・成立した。谷口は、後に日本医師会会長を務めた人物である。

旧優生保護法の提案・成立には医師が関わり、また、法施行後実際に強制手術を行うことができたのも医師であった。当然医師は、生命の尊厳を常に尊重すべき存在であるが、「彼らは、なぜ強制手術に手を貸したのか」、関わった医師達は存命中に真相を語るべきである。

2024年7月3日、最高裁大法廷は、旧優生保護法が憲法13条（幸福追求権）、14条（法の下の平等）に違反であり、法制定当初から違憲であったと断罪した。しかし、法施行から76年もの間、国が違憲性を認識できなかったことに正直怒りを感じるし、人権を語る私たち社会保障研究者も、もっと早く何かできることがあったのではと、自分の力の無さに恥いるばかりである。

今私たちは、混沌とした時代（いつの世も混沌としていたのかもしれないが）に生きているのかもしれない。毎日のように報道されるニュースは、戦争、虐殺、差別、貧困、性暴力等、悍ましい出来事ばかりである。人は、直接自分に被害が及ばない限りは、無関心を装うことも可能である。しかし、他人事は、いずれ自分事となるのがこの世の常。理不尽なことには、怒って、抗ってみようではないか。

本書は、生命の尊厳と人権を基軸に、第二次世界大戦以降に日本で起こった社会問題を読み解いている。その対象は、筆者の関心事を基にしており、この間に起こった全ての社会問題を網羅しているわけではないが、いつの間にか忘れ去られた重大な問題も扱っていることから、読者諸氏には、改めて関心を持っていただければ幸いである。

末筆になるが、出版事情の厳しい折に自治体研究社には本書の出版をお引き受け頂いたことを、この場を借りて感謝する。

さて、私は今年で67歳、古希に近づきつつありながら未だに人生に迷いがある。「不惑となった娘に助言を求めるのがベスト」かもしれない。

本書を亡くなった娘〝美帆〟に捧げる

2024年　秋の武蔵野にて

芝田英昭

目次

第4章　軍拡と社会保障

第1章

なぜ、生命《いのち》の尊厳と人権を問うのか

はじめに

日本人は、「戦後」という単語を頻用する。そして、聞き手もその意味を第二次世界大戦後だと理解できる。戦後79年、日本は国家として他の国とは戦わず、戦闘において他国の人を一人も殺してはいない。世界の国々を見回しても稀有なことだし、国民として誇れることである。戦後、日本がいかなる国とも戦わず平和を維持できたのは、1947年5月3日に施行された「日本国憲法」を護ってきたからである。

しかし、「戦後」が高度に「人権が尊重されていた時代」だったのかは、大いに疑問が残る。世界に誇れる日本の平和憲法が1947年5月3日に施行された翌年、1948年7月13日には、「優生上の見地から不良な子孫の出生を防止する」ことを目的に、旧優生保護法が施行され、同法が1996年に母体保護法に改正されるまで、国は遺伝的疾患、ハンセン病、及び精神障害があるとされた2万5000人以上に、強制不妊手術や人工妊娠中絶をおこなった。

旧優生保護法の下で障害を理由に不妊手術や人工妊娠中絶手術を受けた人が国を訴えていた裁判において、2024年7月3日、最高裁大法廷は、「同法は制定当初より憲法違反」だったと断罪した。

他国の人を戦争で殺さなかった歴史は、今後も維持していかなければならないのは当然であるが、一方で、生命の尊厳が蔑ろにされている日本の実態に目を向け、今一度「生命の尊厳」とは何かを、読者とともに考えたい。

1　原発問題から「人権」を考える

筆者は、かつて原発銀座と言われた北陸の片田舎「敦賀市」に居住していた。中学生の頃、近くに初めて原子力発電所が建設され、陸の孤島と揶揄されていた地域は、新しい道路が敷設され活気を呈した。しかし、街は大きな力で分断され、原発企業による支配構造が着々と築かれていった。いつの間にか多くの住民は、原発関連企業の労働者となり、「物言わぬ人」になっていった。

筆者が、原発銀座で一公務員として働いた間でさえ、放射性廃棄物を最終的に処理する技術がないまま、夢の電力施設として増設が繰り返されていった。原発立地自治体は、固定資産税、電源立地交付金等の財政収入を期待し、一定期間毎に原発を増設するパラドックスに陥っていった。そして、原発銀座には、寒村には似つかわしくない豪華な公共施設が聳えることとなった。

筆者は、少年期を過ごした街が原発銀座となり、「札束で頬を叩き、ねじ伏せていく」原発企業の姿を目の当たりにし、怯え、虚しく、そして従順にならざるを得なかった地域住民を非難することはできなかった。しかし、風光明媚な我が故郷が、原発企業に侵食されていく姿には「我慢ならなかった」。

思い切って27歳で公務員の職を辞し、アルバイトをしながら大学院での研究を開始した。その当時の研究テーマは「原発立地自治体の住民生活の変容」で、具体的には、原発立地によって地域住民の人権が蹂躙されていく様子をリアルに告発・分析したのであった。その成果は、月刊『経済』［芝田1986］に掲載された。

２０１１年東日本大震災による福島原発事故によって、今日まで多くの住民が故郷に帰還できていない。当然、この問題は、人権の一つ「居住権」、「幸福追求権」の侵害とみるべきである。一般的には、「未だ放射線量が高く、帰還の自由は制限されて当然」と思うであろう。しかし、多くの国民が原発は危険だと知っていたにもかかわらず、国や財界は「原発を金の成る木」としてその立地を推進し、結果的に地域住民の人権を侵害したのである。

旧民主党政権は東日本大震災を受けて、２０１２年6月に原発運転期間を「原則40年、最長60年」とする改正原子力規制法を成立させ、同年9月には「２０３０年代の原発稼働ゼロ」を目標に掲げた。しかし自公政権は、２０２３年2月「ＧＸ（グレーントランスフォーメーション）実現に向けた基本方針」を閣議決定し、同年6月にはＧＸ脱炭素電源法を成立させ、原発の新増設・60年超運転を認めた。

２０２０年のコロナ禍以降、２０２２年2月からのロシアによるウクライナ軍事侵攻、２０２３年10月ハマスによるイスラエルへの越境攻撃とイスラエルによるガザ侵攻など、地政学的な緊張や課題が山積する中、主要国間に保護主義が広がりを見せ、エネルギー価格等の高騰を引き起こした。その結果、日本は再生可能エネルギーへの依存を増やすのではなく、自公政権下で原子力発電回帰を決定した。福島原子力発電所の重大事故や、太平洋戦争時の広島・長崎における世界初の原子爆弾投下による不可逆的な放射能被曝問題を抱えており、なおかつこの問題を科学的にコントロールできない現状にあって、原子力発電に舵を切ることは、他の理由を想起させてしまう。原子炉でウラン燃料を核分裂させることで、自然界にはほとんど存在しない「プルトニウム」が得られ、技術的には核兵器に転用できる。原子力発電回帰の真の目的が「核兵器転用」ではないかと疑ってしまうのは、筆者だけであろうか。

2　生命の尊厳とは何か

（1）　死者との語らい

筆者の娘は、末期の悪性脳腫瘍のため、２００６年にこの世を去った。3歳時に脳腫瘍に罹患し、最初の外科手術では病巣のあった小脳の3分の1（左側）を切除し、その後、放射線療法、抗がん剤投与を行った。22歳で人生の幕を閉じた彼女は、生きた人間から「遺体」へと変化した。彼女は、未だほの温かいにもかかわらず、遺族には看護師から、「葬儀社リスト一欄」が渡され、連絡を取った葬儀社社員が早々に病室に現れ、彼女を丁寧に清拭しストレッチャーに乗せ、「病院の裏口」から運び出してくれた。彼女は、入院時には「病院の玄関」を潜ったが、患者から死体に変わった時点で、人間ではなく「もの」として扱われた、のだった。しかし、本当にそうだったのだろうか。

筆者は、「人間は、死しても尊厳を維持している」と考える。死した人間を、弔い、悼み、永きにわたって祀る行為は、人間だけしか行わない。今も、毎日娘の遺影を拝み語り掛ける。

葬送・法要は、単なる儀礼ではなく、死した人への語りを通して、その人（死者）の人格を確認する行為ではなかろうか。人格は、死して消滅するのではなく、死者を取り巻く縁故者によって語りを通して継承される、と考えられる。

（2）尊厳と人権

尊厳とは、辞書では、「とうとくおごそかなこと。気高く犯しがたいこと」と説明され、英語では、一般的にはｄｉｇｎｉｔｙ（威厳、気品）、あるいは、ｓａｎｃｔｉｔｙ（神聖、尊厳）の語が使用される。

人間の尊厳が、１９４８年の世界人権宣言の第1条において、「すべての人間は、生まれながらにして自由であり、かつ、尊厳と権利とについて平等である」と規定されたことで、特定の「市民（一定の税金を納めた男性）」から「人間一般」の尊厳へと昇華し基本的人権との関連性で使用されるようになった。ただ、この昇華の流れは、一方的な天賦のものではない。18世紀半ばから19世紀にかけて起こった産業革命と密接な関係をもっていた。

14世紀以降の封建制社会の衰退と崩壊によって、多くの人々（農奴等）が、それ以前の階級社会では存在しなかった「自由」を獲得し自らの困難性を訴えることができるようになったが、19世紀後半になるまではその力は大きなものにはならなかった。当時の産業革命を通して人間は、個人の苦難に対して個人的に怒り・憤るだけではなく、他人の窮状を我が事と考え、共にその状態を改善するために運動する力を獲得したのである。まさに人間（一般）の尊厳は、天賦のものではなく運動により勝ち取ったといえる。

その後、世界人権宣言の思想は、国連の様々な権利条約や多くの国の憲法の内容に影響を与えたことは疑う余地もない。しかし、この地球には多種多様な生命が存在するにもかかわらず、なぜ「人間」の「尊厳」が問われることが多いのであろうか。

キリスト教では、その答えを「神の似姿」として説明している。旧約聖書創世記では、「神は言われた、『われわれのかたちに、われわれにかたどって人を造り、これに海の魚と、空の鳥と、家畜と、地のすべての獣と、地のすべての這うものとを治めさせよう』」〔日本聖書協会1955〕と語られ、人間は神の姿に似ていることから、他の生き物とは違い尊厳を持ち合わせているのだとしている。(1)

（3）　未成熟で生まれる人間の子ども……本能の後退が社会的動物へと進化させた

「神の似姿」との説明は、極めて宗教的で科学性には乏しいと言わざるを得ない。人間の尊厳を、人類の進化により社会的動物になったことで説明ができないであろうか。

地球の歴史は約50億年と言われ、人間が属している「霊長類」はおよそ7000万年前に現れた。600～500万年前には、人間に近い後ろ足で二足歩行する「猿人」が出現し、空いた前足（手）で「道具」を使用することが可能となった。200万年前には、ヒト属に属するホモ・ハビリスが現れ「石器」を使ったことがわかっている。その後、180万年前には「原人」が現れ、「火の使用」の痕跡も見つかっている。

約50～30万年前には「旧人類」が出現し、大きくなった脳によって、精神的にも進化し、また社会的行動が見られるようになった。現在の人類の直接的な先祖である「新人類」は、約20万年前に出現し、社会性を進化させ、芸術・文化を育むこととなった。

では、人は他の動物、特に他の哺乳類とは何が違うのであろうか。もちろん、四足歩行か二足歩行かが大きな違いであり、人間は空いた前足で「道具」を使用することができるようになった。つまり、手の発達である。人類が飛躍的な進化を遂げた理由は、四足歩行では頭（脳）を「水平」に保たなければならず、頭を最大限に大きくすることは不可能であったが、二足歩行することで頭を「垂直」に保てることから、大きな頭（脳）を支えることが可能となり、進化とともに脳が大きくなっていった。ちなみに、猿人のアウストラロピテクスは脳の容積は４００～５００cc程度だが、現生人類の大人の脳の容積は平均１４００～１５００ccであり、進化の過程で脳の容積を約３倍にまで拡大したことが窺える。

ただ、脳が大きくなったことが、他の動物とは違う運命を辿ることとなった。人間は、二足歩行で直立したことによって、四足動物のように骨盤が後ろ足の結節点であるだけでなく上半身を支える大きな役割を担うこととなった。四足動物では骨盤は内臓を支える必要はなかったが、人間は二足歩行したことで、骨盤から内臓が脱落しないように骨盤腔内の筋肉を発達させた。その結果、四足動物よりも「産道」を狭くせざるを得なくなった。

人間は、二足歩行で直立し「脳の容積」が大きくなったにもかかわらず、産道が狭くなったことで、他の動物に比べ「未成熟」で出産せざるを得なくなった。例えば、哺乳類である馬や麒麟の出産を観察すると、誕生から数十分程度で立ち上がり駆け出すことから、十分成熟してから出産していることが理解できる。同時に自然界においては、いつ何時他の動物から襲われるかわからないことから、危険回避能力（その場から瞬時に逃れる）を備えている必要があり、出産した直後から生存「本能」が存分に発揮できる。しかし、人間は未成熟なまま生まれてくるので、「本能は後退」し遺伝の奥底に潜在化してしまった。その意味では、人間の本能は、他の動物に比べ「十分には機能しない状態」だと言える。

未成熟で生まれた人間の子どもは他の動物に襲われる可能性が高くなることから、子どもを護るために、親だけで育児をするのではなく、家族、親族、地域という多種多様なコミュニティを通して、あるいは巻き込んで社会的に育てることとなった。このことから、人間は「社会的動物」と呼ばれている。

多くの動物は、遺伝的要素や自らが置かれた環境によってその生涯は決定されるが、人間は、遺伝的要素を基底にしながらも社会的に働きかけられることで常に発達し、自らの置かれた環境をも変えることが可能である。つまり、人間以外の動物は「環境を受け入れる」ことしかできないが、人間は「周りの環境をも変えることができる唯一の存在」となった。

人間は未成熟な状態で生まれるが故に、社会的な働きかけで人格（パーソナリティ）が形成され能力の発達が可能となる（ただし、遺伝的要素を無視することはできないことは言うまでもない）。換言すれば、人間は社会的な協力・協働によってしか「人格」が形成されないし、また「能力」の発達もないということである。また、協力・協働は、その時々の経済的・文化的・物理的影響を受けることから、人間の「人格」や「能力」は、兄弟間であっても極めて異なる。いわば、個々人で異なることが「人格」、「能力」の特徴であり、また、あまりに違うが故に、社会的共同体において協力・協働を無視して振る舞えば、弱肉強食社会を肯定しかねない。

人間は、常に「互いが違うこと」、「互いを尊重する」ことを意識の中心に据えることが重要であり、まさにそれは、生命の尊厳であり、人権だと言える。また、生命の尊厳、人権は、個々人の意識の中だけに留めるだけでは擁護することはできない。歴史を遡ると、権力を掌握した者が、しばしば人々の人権を蹂躙・侵害した事実があることから、権力を縛る「憲法」や「法」を制定することが重要であることが理解できる。

（４）複雑な思考能力と優生学

フランスの哲学者ブレーズ・パスカルは、「人間はひとくきの葦にすぎない。自然の中でも最も弱いものである。だが、それは考える葦である」［パスカル２０１８：２５０・２５１］、あまりに有名な言葉であり、真理を言い当てている。また、「人間の尊厳のすべては、考えることのなかにある」［パスカル２０１８：２５１］とも述べている。

つまり、人間は「思考能力」を持っていることが他の動物とは決定的に違い、その尊厳の根拠とされる。しかし、近年の研究では、類人猿の一部（ボノボやチンパンジー）も、簡単な言葉を理解し、一定のコミュニケーションができることが分かってきた。人間と類人猿との差異化には、「複雑な」思考能力との修飾語を必要とするであろう。であれば、さらにいくつかの疑問も浮かぶ。複雑な思考能力を持ち合わせない場合は、「尊厳は無いのか」。人は時にして、重い障害を持って生まれ、また、出生後の人生のある時期にさまざまな傷病により、自らの意思では行動ができなくなる場合もある。

この点は、19世紀末以降の「優生学」の歴史とも関わるであろう。優生学の祖とも言われるフランシス・ゴルトンは、１８８３年に発表した著書『人間の能力とその発達の研究』［Galton F 1859：333］において優生学（eugenics）との言葉を世界で初めて使用した。１８５９年にダーウィンの『種の起源』が出版され、生物学としての進化論を、多くの科学者が認めることとなったが、進化論の隆盛が優生学の浸透に寄与したことは言うまでもない。

１８７０年代以降第一次世界大戦まで、進化論を、人間やその社会の発展段階にも応用しようとの動きが見られた。いわゆる社会ダーウィニズムである。このような社会情勢の中で、進化論と遺伝の原理を、人間に応用しようとする「優生学」は、多くの人々に受け入れられた。

優生思想のもとナチスドイツでは、１９３８年まで、遺伝に由来する疾患患者に限定して断種を行っていた。しかし、１９３９年に「Ｔ４作戦」[2]が開始され、断種が当時ドイツで劣等とされた民族等の虐殺へとエスカレートし、９００~１１００万人が虐殺された。

もちろん、この行為は人間の尊厳を踏みにじる許しがたい蛮行であるが、残念ながら優生思想は第二次世界大戦後にも、日本の旧優生保護法、スウェーデンの高度な福祉国家における優生政策として受け継がれた。

現行の日本国憲法が公布された１９４７年の翌年には、「優生上の見地から不良な子孫の出生を防止する」ことを目的に「旧優生保護法」が制定され、同法に基づき優生手術（不妊手術及び人工妊娠手術）が可能となり、遺伝性疾患、ハンセン病、精神障害がある人に対して本人の同意ない場合でも、審査によって優生手術を実施することができる旨規定された。１９９６年に「母体保護法」に改正されるまでの約半世紀にわたり、知的障害、精神障害、聴覚障害者など（障害の有無が不明な方も多数）に対して2万５０００件以上の強制不妊手術、約5万９０００件の人工妊娠中絶、合計8万４０００件の手術が強制された。

２０１８年1月、宮城県の女性2人が旧優生保護法の下で強制不妊手術を受けたことで「子どもを産み育てる権利を奪われた」として、国に損害賠償を求め提訴した。２０１９年5月、仙台地裁は、旧優生保護法は違憲とした上で、不妊手術から20年が経過しての損害賠償は「除訴期間」を適用し、原告の訴えを退けた。同様の訴訟は、他にも大阪高裁（大阪）、東京高裁（東京）、札幌高裁（札幌）、神戸地裁（神戸）で行われ、３カ所の高裁では「強制手術違憲」、「除訴期間を適用しない」との判決であった。

仙台地裁の判決の前月となる２０１９年4月には、被害者への一時金支給法が成立したが、国の損害賠償責任を前提とせず、一時金を一律３２０万円支給との不十分な内容であった。しかし、旧優生保護法下での強制不妊手術を違憲とし、全国の障害者が原告として国に謝罪と損害賠償を求めた5件の訴訟の判決で、２０２４年7月3日、最高裁判所大法廷（裁判長：戸倉三郎長官）は、「旧優生保護法は法の下の平等（憲法14条）、個人の尊厳の尊重（憲法13条）に違反」、「除訴期間適用は、著しく正義・公平の理念に反する」、「速やかに適切な損害賠償が行われる仕組みが望まれる」、「旧法は、立法行為自体が違法」、「著しく正義・公平に反する場合、裁判所は除訴期間を適用しない」と言い渡した。

本判決は、極めて画期的な歴史的判決と言えるし、２０２４年7月9日の官房長官記者会見で、国も謝罪・賠償に向けた制度作りに着手する意向を示し、岸田首相は同年7月17日、原告等と面会し「政府の責任は極めて重く、心より申し訳なく思っており、謝罪申し上げます」と述べた。しかし、旧優生保護法が制定されて76年の時を経なければ、国が本格的に解決に向けて動くことすらできなかったことは、戦後においても優生思想が根強く残っていた証である。

（5）　人間の尊厳の要素としての人格

カントは、「人格における人間性は、彼にとって聖なるものでなければならない。すべての被造物のうち、人間がそれを望み、そしてそれを意のままにすることができるすべてのものは、たんに手段として使用することができる。ただし人間だけは、そして人間とともにあらゆる理性的な存在者は、目的そのものである。すなわち人間は、その自由の自律によって、聖なる道徳法則の主体なのである」［カント2013：56］と、人間は「手段」ではなく「目的」であるとした。

しかし、人間の尊厳概念そのものに関して、市井で話題にされることはほとんどない。それどころか、「人間の尊厳」を所与のものとして、それに基づいた基本的人権や諸権利を語ることが常である。つまり、「人間の尊厳」ほど、その概念が曖昧模糊としており、時代とともに変化してきたものはない、と言える。カントは、人間の尊厳の侵害の典型的な事例として「奴隷化や人身売買」と他者による「自由の剥奪」との概念に止まっている。また、カントのその概念の対象は、「自律」との言葉を使用していることから、出生後から死亡するまでの「生きている人間」を対象としていたと理解できる。

ただ、現在では、「人間の尊厳」は、死者の様に自己意識が消滅した後の段階、臓器移植、胚（受精卵）のような人間を構成する部位であっても、人間の出生以前の段階で重要な位置付けを持ってきていることからも、本概念が時代とともに変化する、いわば固定的概念ではなく「変容可能な概念」であると考えられる。

3　歴史から学ぶ人権

（1）日本初の機能性食品は「ヒロポン入り特攻チョコレート」

戦争は、常に自衛・防衛の為として開始されるが、その実態は自国の覇権を目的に「人（敵）を殺す行為」である。また、戦争は、自国民の思想信条の自由を脅かすし、しばしば生存・生活権すら侵すことも忘れてはならない。

例えば、世界から恐れられた旧日本軍の攻撃手法「特攻：特別攻撃隊[3]」から考えてみたい。死を前提の特攻は、恐怖以外の何物でもない。その感覚を麻痺させ、「疲労回復」と称して、特攻隊員に広く「ヒロポン（覚醒剤）」が使用されていた。ヒロポンは、眠気除去・憂鬱症に効くとして、1941年から大日本製薬株式会社（現大日本住友製薬株式会社）が製造販売していた。

旧日本陸軍では、陸軍主計少将川島四郎の指導のもと第二次世界大戦前から戦中にかけてヒロポン入りの「航空糧食」の研究も行っていた。その中心となったのが、戦後「萬有栄養（株）」を創業した岩垂荘二である。

岩垂は、1943年に「私は日本の製菓会社を調査したところ大日本製菓（株）が製造できるのを見付け、試験品が出来たのでチョコレートの中にヒロポンを入れ、特別に棒状のヒロポン入りチョコレートを航空糧食として補給した。今考えると、とんでもない、おそろしい機能性食品である」[岩垂1992:16]と回顧している。

「ヒロポン入りチョコレート」は、勤労奉仕の名の下に女学生により包装されていた[相可2021]。相可文代は、1945年当時旧制茨木高等女学校2年生に在籍していた梅田和子に2016～2019年にかけて3度のインタビューを行なっている。

梅田は、1945年2月、当時旧制茨木高等女学校に在籍しており、担任の教師に校庭の別棟に連れて行かれ、「兵隊さんに送るチョコレートを包む作業」[相可2021:9]だと説明され、梅田は、生徒がチョコレートを盗まないか監視する任務を言いつけられた[相可2021:9]。ある日、上級生からこのチョコレートを食べろと迫られ、「ひとくち食べるとカッと体が熱くなり、何らかの薬物が入っていることは、子どもの梅田さんにもわかった。上級生は『これは特攻隊が最後に食べるもので、何か入っているみたいだ』と説明した。（中略）父親にチョコレートの話をすると『ヒロポンでも入れているのだろうか』と言った」〔相可2021：100〕と語っている。

特攻として、死への恐怖心を麻痺させるヒロポンを打たれ、食べさせられ、またその糧食の包装を女学生に担わせていた事実は、間違いなく人権侵害であり、戦時の特殊な状況と看過して良いのであろうか。

２０１５年の安保法等の制定により、日本の自衛隊が同盟国の軍隊に具体的に協力できることとなった。日本の最大の同盟国である米国は、常に多くの兵士を世界各地に送り込み常時戦闘態勢を維持していることに鑑みれば、日本は２０１５年以降「戦時下」にあると言ってよいし、梅田が語った第二次世界大戦下の女学生の日常は、今は昔とは言えないかもしれない。

（2）日本政府は占領軍「慰安施設」を設置し女性の人権を蹂躙した

筆者は、１９９５年に海外社会保障研究のためにニュージーランド調査へと向かった。調査の終盤、ビクトリア大学の教授から、「第二次世界大戦後、日本政府が占領軍兵士のために慰安施設を設置したが、あなたはどのように考えますか」と問われ絶句した。

帰国後、占領軍「慰安婦」の資料を収集するなかで、ジェンダー問題、人権問題からのアプローチが必要だと強く感じたが、これらの問題に関われないまま約25年が経過した。しかし、筆者は定年退職を1年後に控え、生命の尊厳の基本である「ジェンダー問題、人権問題」をこのまま放置することは出来ないと考え、膨大な資料を読み解く作業に入った。

１９４５年８月15日、ポツダム宣言受諾の２日後、８月17日皇族出身の東久邇宮稔彦が首相に就任した。組閣１日後には、内務省警保局（国）及び首都東京を管轄する警察組織警視庁が、占領軍用「慰安施設」設置に動いていた［内務省１　９４５］。敗戦により国民生活が疲弊している中で、なぜ占領軍用の「慰安施設」設置を急がなければならなかったのであろうか。

現在まで、占領軍「慰安施設」設置に関し国が関わった事を政府は公式には認めていないし、公文書の殆どが戦後の混乱期に焼却処分された可能性があり、設置経緯等を公文書のみから読み解くことは不可能に近い。ただ、同施設設置に関わった警視庁幹部や東京都幹部の証言や手記がいくつか存在し、その文献を頼りに経緯の詳細を辿ることができる。

当時内務官僚で、首相東久邇宮から１９４５年８月17日付で54代警視総監に再任され実質的に占領軍「慰安施設」設置の責任者であった坂信弥は、その事情を以下のように証言している。「東久邇さんは南京に入城されたときの日本の兵隊のしたことを覚えておられる。（中略）アメリカにやられたら大変だろうという頭はあっただろうと思います。そうすると、どうしたらいいかと言うことで、やはり慰安施設が必要です。一応さばく所をそろえておこうじゃないかということが、内閣の方針としてきまった」［坂１９８７：３０９・３１０］と記している。

東久邇の言う「日本の兵隊がしたこと」とは、南京大虐殺等を指している。１９３７年12月日本軍が南京に入城し２カ月に渡り占領し、中国軍人捕虜、一般市民を不法に殺害、強姦、暴行、虐殺、放火、略奪を行なった事件であり、日本が長きに渡って行なってきた「勝者は敗者を凌辱する」[4]慣行を意味していた。

また、１９９３年の「慰安婦関係調査結果発表に関する河野内閣官房長官談話」で明らかになったように、日本の侵略戦争において、朝鮮半島出身者、中国人を含むアジア人、及び一部オランダ人を日本軍人の「慰安婦」として軍当局が直接関与し従軍させていたのであった。

つまり、多くの場合、「慰安婦」問題は、日本国外でなおかつ植民地出身者の問題として扱われている。さらに、終戦時に警視総監に再任され「特殊慰安施設協会（Recreation and Amusement Association＝R.A.A）」設立に中心的役割を果たした坂は、かつて１９３６年４月から１９３７年６月まで鹿児島県警察部長を務めていたが、その折に、後に真珠湾攻撃を行った海軍航空隊隊員の「慰安施設」作りを主導している。その経験が、R．A．Aの原型となったと考えられる。

坂は、鹿屋の軍「慰安施設」設置に関し以下のように記述している。「少年航空兵が一番早熟だったらしい。いつ死ぬかわからない境遇だから、死ぬ前に〝男〟になりたいという気持ちも強かったのだろう。ところが適当な遊び場がないものだから、町の娘たちに被害が及ぶ。娘の親たちは怒って航空隊に苦情を持ちこむ。（中略）私も同じ男である。まして少年航空兵はお国のためにあすを知れない命だ。そこで、『よろしい、なんとかしてみましょう』と言って一計を案じた。それは郊外の町有地約五万平方メートルにダンスホールを作る計画だ。各ダンスホールのダンサーは客である少年航空兵と意気投合の結果、別室にご案内する。つまり、今しきりにその方面に利用されている〝恋愛関係の成立〟という形式をとる」［坂１９６３：１４９−１５１］。

まさに、占領軍にも「適当な遊び場がないものだから、町の娘たちに被害が及ぶ」可能性があると考え、占領軍「慰安施設」の設置に動いたと推察できる。

当時内務省は、占領軍の性的暴行を含む不法行為には相当苦慮していたことが、内務省文書から窺える。国立公文書館には、米国からの返還文書が多数保管・公開されているが、１９４５年８月31日以降内務省は度々「米兵ノ不法行為」〔内務省外事１９４５〕として政府に報告している。

また、このような占領軍将兵による不法行為を受けて、内務省は１９４５年９月４日に「米兵の不法行為対策資料に関する件」を、警視庁や各庁府県警察に通牒している。同通牒では、「婦女子強姦予防としては」の項で、「米兵慰安所を急設すること、進駐決定せる時は附近適当なる場所に慰安所を急設すること」と、「婦女子強姦予防」のために、占領軍用の「慰安施設」設置を急げとしており、一部の女性を犠牲にすることを顧みない政策であり、結果として「慰安施設」の設置が全ての女性の人権を蹂躙していることに全く気が付いていない現実が見えてくる。

坂も、「日本の婦人を守る〝防波堤〟」として占領軍「慰安施設」を設置したと当然のように語っている〔坂１９６３：１７０〕。

１９４５年８月27日にR．A．A設立許可申請書を警視庁に提出し、同28日に警視庁より認可された。R．A．A総会で承認された「目論見書」には「指導委員会」が設置され、指導委員会は、「内務省、外務省、大蔵省、運輸省、東京都、警視庁等各関係係官を以て組織す」〔坂口１９４８：６〕と記載があることから、R．A．Aは、国や警察組織と不可分一体となって組織されたことが分かる。

おわりに……性の自己決定論を手がかりに生命の尊厳と人権を問う

近年、売買春における「性の自己決定論」が引き合いに出されることが多いが、いわば「性を売る」ことを、誰からも強制されることなく自らの意思で決定したのだから、売春は非犯罪化し労働と認められるべきとの論である。

筆者は、非犯罪化に関しては賛意を表すが、「売春を労働」と見なすことには躊躇する。

一般的に、職業はキャリアを積むことによってより条件の良い職に就ける。一方で、セックス・ワークは、キャリアを積むことが求められるのではなく、より若く素人であることが希少であり珍重される。つまり、性の自己決定論を下に売春を労働と認めるには無理はなかろうか。

R.A.Aで働いた女性は、自らの意思（自己決定）で働いた、つまり「強制性はない」とされ、従軍「慰安婦」問題のように訴訟もなければ、国民の関心も極めて低い。

筆者は、自己決定が、本来的「自己決定」なのかの疑問を持っている。自己決定とされる多くの場合、「社会的強制（経済的・文化的強制）」を見過ごしている可能性がある。例えば、貧困、虐待、精神的疾患、障害等であり、根底にそれらの問題が隠されているとすると、自己決定と思われている事例の多くは、実は「社会的強制」であり、生命の尊厳・人権の蹂躙であるとして直視すべきではないだろうか。

注

（1）「神の似姿」とは、人間の外観が「神に似ている」ことを意味するのではなく、神のように「被造物を治める」役割を与えられた、その役割が神の役割に似ているとの意味。

（2）T4作戦管理局が、ベルリン市のティーアガルテン通4番地であったことに由来する。

（3）「特攻」の語源は、太平洋戦争における日本海軍によって創設された「特殊潜航艇」の部隊名として「特別攻撃隊」と命名されたのが始まりとされている。また、組織的に戦死前提の攻撃手法とされる。ただ、1944年10月20日に編成され「神風特別攻撃隊」が最初だとする説もある。

（４）　歴史研究家の児島襄は、「古来、征服者に女性を提供するのは敗者の慣わしである」としている。児島襄１９８７『日本占領Ｉ』文藝春秋、１９８７年、41頁。

引用文献（アルファベット順）

Galton F (1833) Inquiries into Human Faculty and its Development, London, Macmillan and co.

岩垂荘二１９９２『50年前日本空軍が創った機能性食品――その規格と資料（抜粋）』光琳、１９９２年。

カント２０１３、中山元訳『実践理性批判２』光文社、２０１３年。

内務省１９４５「外国軍駐屯地における慰安施設設置に関する内務省警保局長通牒」１９４５年８月18日。

内務省外事１９４５年８月31日、国立公文書館、返還文書、レファレンスコード：Ａ０６０３０００３８６００。

日本聖書協会１９５５「創世記第１章26節」『旧約聖書』創世記、１９５５年。

相可文代２０２１『「ヒロポン」と「特攻」　女学生が包んだ「覚醒剤入りチョコレート」』自費出版、２０２１年。

パスカル２０１８、前田陽一郎・由木康訳『パンセ』中央公論新社、２０１８年。

坂信弥１９６３『私の履歴書　第十八集』日本経済新聞社、１９６３年。

坂信弥１９８７「慰安施設の準備」、大霞会『続内務省外史』地方財務協会、１９８７年。

阪口勇造１９４８『Ｒ．Ａ．Ａ協会沿革誌』特殊慰安施設協会、１９４８年。

芝田英昭１９８６「原子力発電所立地と住民生活」『経済』№２０７、新日本出版社、１９８６年11月。

第2章

国家権力の下で蹂躙された人々、特に女性への性暴力と人権を考える

はじめに

２０２２年２月24日、ロシアがウクライナに突如軍事侵攻した。現在まで様々な形で国際的な協議が継続しているが、戦闘が収まる気配はない。ＵＮＨＣＲ（国連難民高等弁務官事務所）は、２０２４年６月時点でウクライナから国外に避難した難民は約６５５万人、ウクライナ国内避難者は推定３５４万人を超え、その多くが子どもや女性だとしている。同国人口４４１３万人（２０２０年末）の約２割強が難民となり過去にない人道危機に瀕していることが分かる[1]。

筆者は、ロシアの一方的な軍事侵攻は断じて許されることではないし、即時停戦しロシア軍はウクライナから撤退すべきであると考える。

また、欧米諸国、特にＮＡＴＯでは、米国とドイツを中心にウクライナへの軍装備品の提供、ウクライナ難民の受け入れが進んでいる。しかし、これらの課題に隠れてほとんど報道されないが、ポーランド国境ではウクライナ難民を狙う性的人身売買業者の活動が活発化している。ＢＢＣは、「性的人身売買や臓器売買の業者らが、混乱状況に乗じて利益を得ようと、弱い立場の難民たちに言葉巧みに声をかけている」［ＢＢＣ ＮＥＷＳ Ｊａｐａｎ ２０２２］と報じている。

いつの世も、戦禍では（実は平時においても）弱い立場にある者の人権・生命は蹂躙されるが、国は民族の誇りと歴史の肯定的側面だけを残し、真実を闇に葬り去ってきた。特に、性暴力や粗末に扱われた生命に関してはその傾向が強い。

本章では、隠された戦後の性暴力の真実から特に女性の人権を考えたい。

1　戦後占領期、連合軍兵士に差し出された女性達がいた

第1章においても占領軍「慰安婦」に関して詳述したことから、ここでは触れないが、[(2)] 国や各都道府県警察が直接関与し占領軍向けの性的「慰安施設」が設置されたことは、各都道府県警察史・都道府県史など複数の文献に記述があり周知の事実である。しかし、国は、同施設設置への関与を一貫して否定している。

例えば、1996年11月26日に参議院決算委員会において元参議院議員吉川春子（日本共産党）が、戦時中の日本兵に対する従軍「慰安施設」設置政策が、敗戦後は連合国軍兵士のために日本人女性を提供する政策につながったのではないかと、終戦の1945年9月4日付で発出された内務省保安課長名の『米兵ノ不法行為対策資料ニ関スル件』［内務省1945］の存否に関し質問をした際、政府側の答弁者として当時の警察庁長官官房総務審議官山本博一は、「警察庁には保管されていない」［参議院1996］し、「各県の警察史の中にそのような記述があるということかと存じますが、各県の警察史のそれぞれにつきまして私ども承知しているところでございますが、各県警がそれぞれ独自に作成したものでありまして、警察庁としては何らの関与も行っておらないところでございます。したがいまして、これらの内容につきましてはコメントする立場にない」［参議院1996］とにべもなく否定している。

ただし、同時に答弁に立った国立公文書館次官関根泰文（当時）は、「御指摘の米国からの返還文書にございますが、昭和49（1974）年の1月に当館にて移管を受けまして、以後公開」［参議院1996］しているとした。

資料2－1　外国軍駐屯地における慰安施設設置に関する内務省警保局長通牒

昭和二十年八月十八日
外国軍駐屯地における慰安施設について
（内務省警保局長より庁府県長官宛の無電通牒）

外国軍駐屯地に於ては別記要領に依り之が慰安施設等設備の要あるも本件取扱に付ては極めて慎重を要するに付特に左記事項留意の上遺憾なきを期せられ度。

記

一　外国軍の駐屯地区及時季は目下全く予想し得ざることなれば必ず貴県に駐屯するが如き感を懐き一般に動揺を来たしむが如きことなかるべきこと。
二　駐屯せる場合は急速に開設を要するものなるに付内部的には予め手筈を定め置くこととし外部には絶対に之を漏洩せざること。
三　本件実施に当りて日本人の保護を趣旨とするものなることを理解せしめ地方民をして誤解を生ぜしめざること。

〈別記〉
外国駐屯軍慰安施設等整備要領
一　外国駐屯軍に対する営業行為は一定の区域を限定して従来の取締標準にかかわらず之を許可するものとす。
二　前項の区域は警察署長に於て之を設定するものとし日本人の施設利用は之を禁ずるものとす。
三　警察署長は左の営業に付ては積極的に指導を行い設備の急速充実を図るものとする。
　性的慰安施設
　飲食施設
　娯楽場
四　営業に必要なる婦女子は芸妓、公私娼妓、女給、酌婦、常習密売淫犯者等を優先的に之を充足するものとす。

出典：労働省婦人少年局（1952）『婦人関係資料シリーズ　一般資料第17号　売春に関する資料——売春関係年表と文献目録』労働省、1952年10月、11ページ。全く同じ資料が、労働省婦人少年局（1953）『婦人関係資料シリーズ　一般資料第22号　売春に関する資料』労働省、1953年9月、17-18ページ、労働省婦人少年局（1955）『婦人関係資料シリーズ　一般資料第31号　売春に関する資料——改訂版』労働省、1955年10月、12-13ページ、に掲載されている。

吉川は、1998年にも参議院議長に対して、占領軍「慰安施設」設置に関する公文書（資料2－1）の保管と公開に関して趣意書を提出したが、同年11月10日に総理大臣名の「答弁書」が公開され、「警察庁においては、御指摘の文書について誠実に調査を続けてきたところでありますが、発見に至っていない。また、警察庁には、同文書を引き継いだ記録はない」［参議院1998］し、「御指摘の指示にもとづいていかなる措置がとられたかについては、記録が存在しないため、確認できない」［参議院1998］と、当該文書が「警察庁」にないことを理由に、国はその事実の有無に関しての調査を一切行っていない。これは従軍「慰安婦」と比較すると、極めて奇異なことである。

2　朝鮮戦争を戦った日本人と性暴力

（1）　朝鮮戦争を戦った日本人

さて、第二次世界大戦後日本国憲法の下で、日本人は、いかなる戦争にも関わっていないし戦死者も出していない、としばしば誇らしげに語られる。そして、多くの国民もその言説を信じている。しかし、これは真実であろうか。

戦後初代駐日米国大使を勤めたロ－バ－ト・ダニエル・マ－フィ（Robert Daniel Murphy）は、自著『軍人のなかの外交官』［マ－フィ1964］で、「日本人の船舶と鉄道の専門家たちは、彼ら自身の熟練した部下とともに朝鮮へ行って、米国ならびに国連の司令部のもとで働いた。これは極秘のことだった。しかし、連合国軍隊は、この朝鮮をよく知っている日本人専門家たち数千人の援助がなかったならば、朝鮮に残留するのにとても困難な目にあったことであろう」［マーフィ１９６４：４４３］と語っており、旧植民地の地理、歴史的経緯、民族性などを熟知している日本人を使うことが戦争に有利と考え、多くの日本人を従軍させていた。

「朝日新聞」の記事によると、北朝鮮は１９５０年10月15日、「十五日の平壌放送は米軍および国連軍が朝鮮で日本人部隊を利用していると非難した」［朝日新聞１９５０］としている。

また、１９５２年９月29日のコロンビア放送（ＣＢＳ）東京支局長ジョージ・ハーマン（George Harman）は、同放送を通じて「八千名からなる〝幽霊部隊〟が朝鮮戦線に現れ、国連軍とともに戦っている。彼らの正体は日本からやってきた朝鮮人たちだ」［朝日新聞１９５２ａ］とし、さらに続けて「これら〝幽霊部隊〟は米軍の制服制帽をつけ米軍の給与をうけているが、米軍司令官たちは実在するとのウワサを打ち消している。しかし彼らこそ共産側の主張するいわゆる〝朝鮮における日本義勇軍〟で共産側のいう〝朝鮮で闘っている日本の海賊部隊〟だとみられている」［朝日新聞１９５２ａ］とも語った。

このＣＢＳの報道からは、朝鮮戦争では日本人部隊ではなく、在日朝鮮人（韓国人）部隊が存在したことが窺える。しかし、米側はその事実を否定していると伝えている。

また、この報道を伝えた朝日新聞は、同じ紙面で韓国代表部の声明として「韓国政府は戦乱の初期に国連軍に従軍する義勇兵を在日韓国青年から募集したことがある。この結果一九五〇年七、八の両月に約六二五名が応募したが、ほとんどが学生で、その半分はすでに日本に帰っている」［朝日新聞１９５２ａ］とした。つまり、日本人兵士はいなかったとしている。しかし、ハーマンの報道の８０００名と、韓国政府の６２５名には相当の乖離があり、これをもっ

資料2－2　朝鮮で戰死した一日本人

朝鮮で戰死した一日本人

—慰謝問題、日米合同委で取上ぐ—

国連兵か、密出国か

宙に迷う〝ネオ・平塚〟の魂

戦死一週間前の平塚重治君

出典：朝日新聞 1952 年 11 月 13 日付朝刊。

て日本人兵士がいなかったことが証明されたわけではない。

ただ、1952年11月13日付の「朝日新聞」は、「朝鮮で戦死した一日本人」とのタイトルで東京都港区のペンキ職人平塚重治（当時29歳）が、1950年8月30日に国連軍兵士として戦闘で死亡したと伝えている。重治の父元治によると、1950年10月10日、中隊長ウィリアム・マックレーン大尉夫婦が高原有一通訳を伴い平塚宅を訪問し「ネオ・平塚（マックレーン大尉がつけた重治君の呼称）は八月三十日南朝鮮某基地付近の戦闘で相当数の敵兵をたおして戦死した。自分は十月十三日戦地にもどるが、ネオとともに戦った生残りの米兵二、三人を連れて帰りさらに詳しい事情を話す。ネオは国連軍将兵として手続するから待っているように」［朝日新聞１９５２b］と語ったとしている。

この報道に対して、米当局は、「同君の入鮮に際して与えられた援助は軍当局の承認を得て行われたものではなく、個人または一部の人の不当行為だ」［朝日新聞１９５２b］とし「国連兵士として戦死したとの主張は確認できない」［朝日新聞１９５２b］と補償等も拒絶したとしている。

また、当時外務省は、「この問題は同君一人だけではなく、（中略）大分県の吉原君という青年も同じようなケースで朝鮮戦線で戦死した」［朝日新聞１９５２b］と発表している。

では、朝鮮戦争時に、ごく少数の日本人が不法行為の末に朝鮮半島に渡り戦闘行為に巻き込まれたのであろうか。その鍵を握るのが、１９９４年に機密指定が解除された米国立公文書館文書Ｊａｐａｎ　Ｌｏｇｉｓｔｉｃａｌ　Ｃｏｍｍａｎｄ　ＡＧ　Ｓｅｃｔｉｏｎ　Ｆｏｒｍａｌｌｙ　Ｔｏｐ　Ｓｅｃｒｅｔ　Ｆｉｌｅ　１９５０―１９５１［在日兵站司令部高級副官部・公式極秘ファイル１９５０―１９５１年］である。在日兵站司令部は、朝鮮戦争勃発直後の１９５０年８月25日、ＧＨＱと連携し、朝鮮戦争を戦う国連軍、および在日米軍の兵站を担う機関として横浜に設置され、サンフランシスコ講和条約発効に伴い１９５２年に閉鎖された。

この極秘ファイルを最初に発見し紐解いたのは、オーストラリア国立大学名誉教授のテッサ・モーリス＝スズキ［Suzuki 2012］である。その後、スズキの論文を手がかりに日本で本格的に分析が進められ、その成果は、藤原和樹『朝鮮戦争を戦った日本人』［藤原２０２０］としてまとめられている。

藤原によると、極秘ファイルは１０３３ページ、その６割が日本人の尋問記録で、出身、朝鮮に来た理由、銃の支給はあったか等が質問され、それに答え、供述内容に間違いがないとして本人のサインも添えられている［藤原２０２０：22］。

このファイルは、１９５０～51年にかけて米軍とともに朝鮮戦争に参戦した日本人に対して行われた尋問であり、総数70名の記録が残されていた［藤原２０２０：24］。この文書からも、少なくない日本人が、朝鮮戦争に参戦していた事実は否定できない。

それは、先に引用した、コロンビア放送のハーマン記者の報道と韓国政府の報道の矛盾からも見えてくる。劉浩一は、「ハーマン記者の言う８０００名からこの６２５名をさしひいたのこりはどこの兵隊かということになる。かくしてハーマン記者は志に反してすくなくとも７３７５名の日本人が朝鮮戦争に参加していた事実を証明している」［劉浩一１９５３：２６７］と結論づけている。

この事実は、日本の平和憲法が、公布から僅か5年程度でその理念が破られていたことを示しているのではなかろうか。

（2）日本赤十字看護師の連合国軍キャンプ派遣と性暴力

朝鮮戦争には、日本人看護師が参加していた事実もある。１９５2年6月2日の第13回国会衆議院厚生委員会において、苅田アサノ議員が、参考人蜷川新（元赤十字本社外事顧問）への中立・公平・博愛を基本とする赤十字が、一方の国連軍だけに協力することの妥当性を問う質問の中で、「59回の通常総会における社長演説なんかを見ますと、25年から始まりました朝鮮事変に対しまして、日赤看護婦の派遣の要求があったので、本社はこれに全面的に協力し、九州地方の各支部から第一次54人、第二次25人、第三次17人を交替派遣し、現在63人が国連軍病院に勤務いたしております、と書いてございます」［衆議院１９５２］と指摘している。

ただ、日本赤十字自体は、現在まで朝鮮戦争協力に関しほとんど公言していない。しかし、1951年5月17日付「日赤新聞第74号」は、朝鮮戦争における日本赤十字の協力を評価した連合軍リッジウェイ司令官から「日赤は朝鮮動乱ぼっ発以来重大な危機にさいして、米国赤十字及びその軍事福祉活動のために、時と物資と人員を供給して熱心な協力を示した」［日本赤十字労働組合連合会1965：9］と感謝のメッセージを掲載している。日本赤十字は中立・公平を謳いながら、連合国側にのみ協力したことになる。

また、日本赤十字労働組合連合会発行の『三矢作戦下の日赤』では、朝鮮戦争時に米軍キャンプに派遣された看護師Mさんのインタビュー記事が掲載されている。

博多キャンプの勤務　全九州から約千名がきていたといわれていたが、日赤出身以外は補助婦としての仕事しかさせられず、その区別は厳密だった。（中略）これら何百人という看護婦は、日赤出身をふくめて全部一部屋に入れられた。軍隊用の簡単な折りたたみ式のベッドが見渡すかぎりつづいて、カーテンもなにもしきりと言うものがなく、まるみえの部屋だった。（中略）患者は全部アメリカの軍人で、韓国人は一人もみかけなかった。なお負傷者、病人には黒人兵が多いのもめだった。（中略）こうして招集され、応募の形で集められた看護婦の中には、米兵のオンリーとなったり、身をもちくずしてだらしなくしたものが多かった。後日、日赤支部に対して、こうした仲間たちの状態について保障を要求したが、支部は〝なにもパンスケになれと頼んだ覚えはない〟とこたえた。［日本赤十字労働組合連合会1965：7・8］

性暴力とは、本人の意に反して強制的・暴力的に性行為やそれらに準じる行為による被害を指す。当然、日本赤十字看護師Mさんの証言から浮かび上がってくるオンリーやパンスケは、性暴力の被害者かとの疑問が残る。これは、日本赤十字支部の「なにもパンスケになれと頼んだ覚えはない」との文言からも、言下には自分の意思でなったと断定し、生活保障に値しないと断じている。これは、過去のことであろうか、現在の日本においても、日常生活で性暴力にあい、買春という環境のもとで意図しない性暴力を振るわれていても、その要因に社会的・文化的・経済的背景があることが無視されて、声を上げることができない女性がどれだけいるのだろうか。

人はしばしば「経験していないから分からない」と言う。しかし、自らが経験していないからこそ、その苦難を知るには、「想像力と共感力」が必要なのではなかろうか。

3　従軍「慰安婦」問題と占領軍「慰安婦」問題の共通性に目を向けることの重要性

日本軍従軍「慰安婦」問題は、１９８７年の韓国の民主化の後、本格的に取り上げられるようになった。１９９1年には金学順（キム・ハクスン）氏が、元従軍「慰安婦」として名乗り出て日本政府の責任を追求したことが、日本での従軍「慰安婦」問題と戦時下性暴力を本格的に考えるきっかけとなった。

しかし、残念なことに外国人従軍「慰安婦」問題と、日本人「慰安婦」や占領軍日本人「慰安婦」は同列で論じられることはなかったし、現在もほとんどない。あくまでも、外国人従軍「慰安婦」は官憲により「強制的」に徴用され「性暴力に晒された」ことに重大な問題があり、一方、日本人「慰安婦」や占領軍日本人「慰安婦」は「商業売春」問題であり別次元の問題だとされている。これは、女性の人権問題に高い関心を寄せる人々においても区別され、その根源的な共通性である性的人格権の侵害や国家責任に関して十分に議論されてこなかったことによる。また、そのことが、日本人の従軍「慰安婦」、占領軍に性奴隷として差し出された女性の問題が、ほとんど国家レベルで議論されなかった理由でもある。

これらの問題は、公娼制度の延長線上にあることは疑いようのない事実で、国家が女性を管理・支配し性的搾取し暴利を貪る構造には連続性がある。(3) 近年の従軍「慰安婦」問題は、公娼制度下の娼妓や売春防止法下の商業売春婦を別次元の問題として扱うことで、従軍「慰安婦」の強制徴用・連行や性暴力被害を浮き彫りにしてはいる。(4) 逆に、国家管理の公娼制度や性的自己決定権を行使したとされる性労働行為を買うこと（買春）は許されるとの認識を肯定しまうことになってはいないのか。

近代国家における性暴力の根源には、女性を男性の付属物として差別的に支配し（明治憲法や旧民法）、無権利状態におき、飢饉、多子等で貧困に喘ぐ人が前貸金を当てに娘を売り渡す「人身売買」としての公娼制度がある。まさに、公娼制度は、国家が人身売買を手助けし、貧困の責任を家長の甲斐性の問題にすり替え、一切の責任を国家が負わないシステムである。その意味では、外国人従軍「慰安婦」であれ、日本人従軍「慰安婦」、占領軍日本人「慰安婦」に共通する問題として、女性を性売買・性暴力の対象として蹂躙してきた責任は国家にあることは明白である。

また、外国人従軍「慰安婦」問題だけに、その性暴力に対し国家に賠償責任があるとするのは、逆に公娼制度や戦後の占領軍日本人「慰安婦」、基地売春、売春防止法下では、その問題が売春をする個人の責任にすり替えられているのではなかろうか。かといって、外国人従軍「慰安婦」問題を軽く扱っても良いとの趣旨ではない。

それは、1956年に制定された売春防止法の目的からも察することができる。同法第一条は、様々な困難を抱え生きるために売春をせざるを得ない状態にある人が「人としての尊厳を害し、性道徳に反し、社会の善良の風俗をみだす」のだと決めつけ「処罰」する、また売春を行うおそれのある女子は「補導処分・保護更生の措置」により売春を防止するとしており、様々な困難を抱える女性の人権を無視し、「蔑視・差別」の対象と見なしている。

もちろん、1990年代以降の世界的な女性人権運動の隆盛と、日本における約30年の売春防止法の一部を独立させ女性支援法制定運動が、政府を大きく動かし、第208回国会において超党派で「困難な問題を抱える女性への支援に関する法律（以下「困難女性支援法」）」が提出され成立したことは一定の前進である。

困難女性支援法においては、売春防止法の目的の「売春を行うおそれのある女子に対する補導処分及び保護更生の措置を講ずることによって、売春の防止を図る」を削除し、「困難な問題を抱える女性の支援のための施策を推進し、人権が尊重され、女性が安心し、自立して暮らせる社会の実現に寄与する」こととした。また、婦人相談所は、「女性相談支援センター」に改称し、「指導」から「援助」へ、婦人保護施設は、「女性自立支援施設」と改称し、「収容保護」から「自立支援」、ならびに退所者への「相談援助」も新たに加わった。

つまり、困難女性支援法においては、売春や様々な課題を抱える女性を「困難な問題を抱える女性」とし、蔑視・差別から人権を尊重した「支援」に舵を切っている。この点は評価できるし重要であるが、「女性個人」に焦点を当てた支援だけで、本当に女性を性売買・性暴力から守り人権が尊重・保障された社会の構築につながるのであろうか。

4　売買春における経済的誘導・社会文化的誘導から社会的強制を考える

外国人従軍「慰安婦」問題では、日本国家の賠償責任において「強制性」が重要な争点となった。言うなれば、旧日本軍日本人「慰安婦」、占領軍日本人「慰安婦」や米軍基地売春、ひいては一般売春は、「商業売春」として「強制性」が否定されている。しかし、中里見博は、売買春において「経済的誘導、社会文化的誘導も『強制』の中に含めることができる」［中里見２００７：51］と指摘している。

具体的には、経済的誘導を「いまだ広範な職種・職場から実質的に排除され、平均賃金が男性の半分程度に抑えられ、経済的自立が困難な労働市場があり、他方で、何らかのかたちで性を売ることがほとんど唯一男性より高い収入を得られる場として用意されている中で、女性は売買春の中へと経済的構造的に誘導されている」［中里見２００７：51・52］と指摘している。

また、社会文化的誘導について、「女性を性的商品価値において評価し序列化する男性の視線とメディアの繰り出す情報の中で、女性は自らの性を経済手段化することに価値を見出すべく社会・文化的に誘導されている」［中里見２００７：52］とも述べている。

中里見の指摘は、性暴力の根源を個人にのみに焦点を当てるのではなく、社会・文化・経済の構造を俯瞰的に捉え解明するもので極めて意義深い。

おわりに……性労働において性的自己決定権は行使されるのか

一方で、近年の性に関する人権では、「性的自己決定権」が自由権の一つとして確立し、性労働を肯定する論拠ともされている。たとえば、同権利に関して、１９７８年に設立された性の世界健康学会（WAS＝The World Association for Sexual Health）の「性の権利宣言（Declaration of Sexual Rights）」[5]がしばしば引用される。

同宣言は16項目に及び、性的自己決定権に関しては第3項目に「自律性と身体保全に関する権利（The right to autonomy and bodily integrity）」として規定され、「人は誰も、セクシャリティと身体に関する事柄について自由に自己管理し、自己決定する権利を有する」と説明されている。これは近年、性的自己決定権は日本国憲法13条「すべて国民は、個人として尊重される。生命、自由及び幸福追求に対する国民の権利については、公共の福祉に反しない限り、立法その他の国政の上で、最大の尊重を必要とする」の自由権の一つとして認識されてきたからである。

性的自己決定権を根拠に性労働に従事する人の動機を考えると、形式上誰に強要されることもなく自らその業界に入り、性を売ることを承知の上で売春を行なっている、つまり性行為に関し「自由に自己管理し、自己決定」している様に見える。しかし、中里見が指摘するように、実際には強制としての「経済的誘導・社会文化的誘導」が存在することから、性的自己決定権の行使とは言えないのではないか。

また、百歩譲って、ある人が性的自己決定権を行使して性労働に従事したとしても、売春を商行為として売買契約が結ばれた時点で、買春者は、売春者が部分的であれ性的自己決定権を放棄したと判断し、買春者は売春者の意向に反する行為に及ぶ可能性がある。つまり、買う側と売る側の「性的自己決定権」は、売買春の商行為においては買う側に有利に働き（多くは密室で行われる行為であるがゆえ）、結果的には女性の人権が蹂躙されることになるのではなかろうか。

現代社会は、ソーシャルメディアが発達し、見知らぬ人どうしが接点を持つことが容易であり、そのような中で、性暴力にさらされる女性も多い。また、契約における十分な説明がないままＡＶ出演を承諾するケースも度々報道され、その様な被害は氷山の一角だといえる。

私たちは、隠されてきた歴史の中から、人権が蹂躙された人々の声を拾い、詳にすることで生命《いのち》を大切にする社会を構築する必要がある。しかし、為政者は、「人権を蹂躙したからこそ、その歴史を隠したい」との衝動に駆られるのかもしれない。

注

（１）国連ＵＮＨＣＲ協会 https://www.japanforumhcr.org/activity-areas/ukraine 最終閲覧日２０２４年7月24日。

（２）占領軍慰安婦に関しては、拙著『占領期の性暴力――戦時と平時の連続性から問う』新日本出版社、２０２２年を参照されたい。

（３）公娼制度、戦時下の性暴力、売買春問題を考える上で以下の書籍は、示唆に富むものである。
藤目ゆき『「慰安婦」問題の本質――公娼制度と日本人「慰安婦」の不可視化』白澤社、２０１５年。

（４）実際に、従軍「慰安婦」の方の証言からも、官憲により連行され、日本軍兵士に供され毎日性虐待・性暴力を振るわれていた。加えて従軍慰安婦問題は、植民地支配と差別問題としても見るべきである。詳しくは、以下の書籍を参照のこと。

吉見義明『従軍慰安婦資料集』大月書店、１９９２年。

吉見義明『従軍慰安婦』岩波書店、１９９５年。

（５）世界健康学会の「性の権利宣言」初版は、１９９７年に開催された第13回総会において発表され、１９９９年の第14回総会にて採択され、２０１４年に改訂された。

引用文献（アルファベット順）

朝日新聞１９５０、１９５０年10月16日付朝刊。

朝日新聞１９５２a、１９５２年９月30日付夕刊。

朝日新聞１９５２b、１９５２年11月13日付朝刊。

ＢＢＣ　ＮＥＷＳ　Ｊａｐａｎ　２０２２、２０２２年３月29日。

藤原和樹２０２０『朝鮮戦争を戦った日本人』ＮＨＫ出版、２０２０年。

マーフィ１９６４、Robert Daniel Murphy, *Diplomat among Warriors*, Doubleday & Company Inc, Garden city New York ,1964.

翻訳：ロバート・マーフィ：古垣鐵郎訳１９６４『軍人のなかの外交官』鹿島研究所出版会、１９６４年。

内務省１９４５、「内務省保安課長：米兵ノ不法行為対策資料ニ関スル件」内務省、１９４５年９月４日、国立公文書館、返還文書、レファレンスコード：Ａ０６０３００３９２００。

中里見博２００７「ポスト・ジェンダー期の性売買」、『社会科学研究』第58巻第２号、東京大学社会科学研究所、２００７年２月。

日本赤十字労働組合連合会１９６５『三矢作戦下の日赤――献血・医療班の真相』１９６５年10月８日。

参議院１９９６「第１３８回国会参議院決算委員会閉会後第３号１９９６年11月26日、国会会議録検索システム」https://kokkai.ndl.go.jp/#/detail?minId=113814103X00319961126&spkNum=194 最終閲覧日２０２２年３月20日。

参議院１９９８「答弁書第一一号内閣参質一四三第一一号１９９８年11月10日」https://www.sangiin.go.jp/japanese/joho1/kousei/syuisyo/143/touh/t143011.htm 最終閲覧日２０２２年３月15日。

衆議院１９５２「第13回国会衆議院厚生委員会第38号昭和27年６月10日、国会会議録検索システム」https://kokkai.ndl.go.jp/#/detail?minId=101304237X03819520610&current=10 最終閲覧日２０２２年３月20日。

Suzuki T, "Post-War Warriors: Japanese Combatants in the Korean Ware," *The Asia-Pacific Journal*, 2012, https://apjjf.org/2013/10/31/Tessa-Morris-Suzuki/3803/article.html 最終閲覧日２０２２年３月20日。

劉浩一１９５３『現代朝鮮の歴史――第二次大戦後の朝鮮』三一書房、１９５３年。

第3章

性暴力における戦時と平時の連続性

はじめに

いつの世も、戦禍では（実は平時においても）社会的に弱い立場にある者の生命・人権は蹂躙されるが、国は民族の誇りと歴史の肯定的側面だけを残し、真実を闇に葬り去るきらいがある。特に、性暴力や粗末に扱われた生命に関してはその傾向が強い。

終戦の1945年8月15日から3日後の8月18日には、政府が「外国軍駐屯地における慰安施設設置に関する内務省警保局長通牒」を都道府県関係部局に発し、「日本人の保護を趣旨」として「占領軍性的慰安施設」設置を促し、慰安にあたる女性を「芸妓、公私娼妓、女給、酌婦、常習的売淫犯罪者等」から募った。また、同年9月4日には、内務省は「米兵の不法行為対策資料に関する件」を再度都道府県関係部局に通知し、米兵による「婦女子強姦予防として」、「米兵慰安施設を急設すること」を喚起している。

いわば「一般婦女子の防波堤」［労働省1952：2］のために、売春の心得のある者を占領軍兵士に供したのである。当然、この考え方は、第二次世界大戦下、日本の占領にあった朝鮮半島、中国、インドネシア、フィリピン出身者を従軍「慰安婦」に仕立て、兵士の性的慰安に当たらせた経験を活かした政策であったことは、当時警視庁総監であった坂信彌の証言からも窺える[1]。

このイデオロギーは、「慰安施設」等で「慰安婦」を通して、男たちが生身の女性によって性的快楽を得ることで、結果、一般女性への性暴力・性犯罪が防止されるとするものである。しかし、一般女性と、「慰安婦」との二分法は、性差別的分割統治を容認するものであり、男性中心社会を維持・拡大することに寄与することにしかならない。また、同イデオロギーは、平時においては、「慰安婦」が売春婦・一般女性に置き換えられ女性が男性の付属物として性的慰安の対象とすることを容認してしまう。

1　一般売買春における経済的・文化的誘導の実態

前章で考察したように、外国人従軍「慰安婦」問題では、日本国家の賠償責任において「強制性」が重要な争点となった。言うなれば、日本人「慰安婦」、占領軍日本人「慰安婦」や米軍基地売春、ひいては一般売春は、「商業売春」として「強制性」が否定されている。

しかし、現代社会における売買春において、性的自己決定権、性的自由権を侵害する「強制性」は存在しないのであろうか。現代社会における女性の貧困、メディアにおける女性の性的商品としての序列化は、女性達を売春に駆り立て、男性を買春へと誘っているのではなかろうか。

例えば、最近、日本人女性が売春のために海外に渡航するケースが増えたことで、観光目的で入国しようとする日本人女性までもが、売春目的での入国を疑われ入国拒否されるケースが相次いでいる、と度々報道されている。そのきっかけとなったのは、2024年4月2日米国での売春を斡旋したとして、デートクラブ経営者ら男4人が職業安定法違反容疑で警視庁に逮捕された事件である［読売新聞2024a］。警視庁によると、4人は2021年以降、300人以上の日本人女性を米国、豪州、カナダの売春組織に紹介し、仲介料約2億円を稼いでいたというものである。その後同年5月には、韓国警察が、ソウル市内で売春をしたとの疑いで日本人女性3人を摘発しているが（他に10人の日本人女性を売春容疑で捜査している）、組織的な売春容疑で日本人女性が摘発されたのは韓国警察史上初だとの事である［読売新聞2 024b］。

このように日本人女性の海外売春が明らかになっているが、なぜ彼女達は海外を目指すのであろうか。そこにはいくつかの要因が考えられる。

最近増えていると言われているのは、ホストクラブに多額の売掛金（借金）を返済する（支払う）ために、ホストから売春ブローカーを紹介され、海外に渡るケースである。もちろん、日本国内の性風俗店を紹介されるケースも相当あると考えられる。それは、現在でも女性の賃金は男性の約7割程度と、通常の仕事だけでは膨れ上がった売掛金を返済することは不可能なことから、短期間で高収入を得られる性風俗へ流れていくと考えられる。ちなみに、厚生労働省によると、2023年度の男女賃金格差（男性の賃金を100％とした場合の女性の賃金水準）は、日本74・8％、スウェーデン92・7％、フランス88・4％、ドイツ86・3％、英国85・8％、カナダ83・3％、米国83・1％で、先進7カ国で最大の格差である。日本はこの30年間ほとんど賃金は上昇していないし、長期円安傾向の中で、海外に出稼ぎに行くことで同じ期間で高収入を得られることから、海外を目指すと考えられる。

海外売春は、本人の自由意志によるものとされ、摘発され逮捕されても「自己責任」だと、周りの人々が無関係を装うことが多い。しかし、ホストもブローカーも極めて巧妙に組織的に売春を斡旋していることから、これらの行為は人身売買、性的搾取であることは明らかである。これらが組織的売春斡旋であることに加え、日本が様々な場面でのジェンダー格差の大きい社会であることを鑑みると、家族や知人等の身近な女性がこの罠に掛かる可能性は低くはない。海外売春を含めた「性売買問題」を多くの国民が「我が事」として考える必要がある。
海外売春は、円安と相まって大きく報道されるようになったが、韓国のフリーランス記者のカン・ヨンス氏によると、日本のＡＶ商品は高品位で製造され、世界的に広く流通しており、海外の買春業者が、日本人ＡＶ女優と遊べるとの謳い文句で、日本人女性を売っており、相当以前から海外買春業界では日本人女性海外売春はあったと指摘している［集英社オンライン２０２４］。

戦後間もない１９４８年7月10日に「風俗営業等の規制及び業務の適正化等に関する法律（風営法）」が公布された。もちろん、風営法は、接待を伴う飲食店、遊技場営業、ナイトクラブ等の特定遊興飲食店営業が含まれるが、性風俗関連特殊営業もその範疇に入る。

性風俗関連特殊営業は、店舗型性風俗特殊営業（ソープランド、店舗型ファッションヘルス、ストリップ劇場、ラブホテル、アダルトショップ等）、無店舗型性風俗特殊営業（派遣型ファッションヘルス）等があり、性風俗をなす条件の一つに「異性の客の性的好奇心に応じてその客に接触する役務を提供する営業」（風営法2条）と規定されている。もちろんソープランド、店舗型ファッションヘルス、派遣型ファッションヘルスでも、本番行為（性行為）は認められていない。しかし、「客に接触する役務」は、通常密室で行われることから、本番行為があったのかそうでないのかは、第三者が証明しようがないことから、性風俗店での行為自体が「性売買」である可能性が高い。

表向きは売春防止法で売春を禁じておきながら、一方で、風俗営業法によって実質的に「性売買」を認めている。これでは、低賃金に置かれる女性を意図的に性風俗産業に誘導している、と言われても仕方ない。今や日本の性風俗産業の市場規模は５・６兆円（２０２３年度）を超えており、その規模は、コンビニの市場規模12兆円（２０２３

年度）の約半分に匹敵する。

さて、ある人が性的自己決定権を行使して売春を行ったとしても、金銭授受の約束をした時点で、買春者は、売春者が部分的であれ性的自己決定権を放棄したとして判断し、買春者は売春者の意向に反する行為に及ぶ可能性がある。つまり、買う側と売る側の「性的自己決定権」は、売買春の商行為においては買う側に有利に働き（多くは密室で行われる行為であるがゆえ）、結果的には女性の人権が蹂躙されることになるのではなかろうか。

また、今日の性売買・性産業の問題は、それを扱う法のあり方抜きには議論できない。世界的には、売買春の廃止を前提に、セックス・ワーカー、売春管理者、買春者（顧客）の三者全てが犯罪として問わない「完全非犯罪化」を目指すニュージーランド・モデル、そして、性的サービスを購入する（または購入しようとする）行為、及び性売買斡旋行為を犯罪者として摘発し、「性的サービスを販売する者は非犯罪化され、カウンセリングや社会サービスの対象者として保護」するとするスウェーデン・モデルの二つがある。世界的には、この二つのモデルに収斂されてきている。次節では、ニュージーランド・モデルとスウェーデン・モデルの概要を説明し、両モデルの課題も論じる。

2　売買春の非犯罪化の流れ
——ニュージーランド・モデルとスウェーデン・モデル

（1）　ニュージーランドの売春改革法２００３（The Prostitution Reform Act 2003: PRA）の詳細

①　ＰＲＡ制定の経緯

ニュージーランドは、２００３年にＰＲＡが成立するまでは、売春は１９６１年犯罪法（The Crimes Act 1961）と１９７８年マッサージ店法（The Massage Parlours Act 1978）において違法（犯罪）とされてきた。犯罪法は、１４７条において売春宿の管理を禁じ、１４８条では売春で生計を建てることを禁じ、さらに１４９条は売春の斡旋と未成年者（18歳未満）売春も禁じていた。また、２０００年には、犯罪法は、売春者及び売春事業者の両方を犯罪とするよう改正された。

１９７８年公布のマッサージ店法は、事実上屋内における商業的売春を黙認していた。また、同法は、売春を「エスコート（escorts）」、売春宿は「マッサージ店（Massage Parlours）」と称し、マッサージ店従業員は、店の経営者を通して警察に個人情報を登録することが義務付けられた。以上のように、売春に関して、日本と同様に「廃止主義」に立っているが、限定的に売春を黙認し、形式的には違法行為（犯罪）とみなしていた。

しかし、１９７０年代以降、女性の人権運動が活発化するとともに、売春規制の矛盾（違法でありながら、特定の

資料3－1　PRAの目的

> 第3条【目的】この法律は、売春を非犯罪化（decrimiralise）し（但し、売春及びその効用を奨励し、倫理的な意味で是認する訳ではない）、以下の枠組みを創設することを目的とする。
> (a)セックス・ワーカーの人権の擁護及び搾取の防止
> (b)セックス・ワーカーの福祉及び職業上の衛生・安全の促進
> (c)公衆衛生への寄与
> (d)18歳未満の者を売春に使用することの禁止
> (e)他の関連諸改革の実施

出典：ニュージーラン売春改革法2003（The Prostitution Reform Act 2003）3条。西島太一2007b翻訳「ニュージーランド2003年の売春改革法及び同施行令」229ページより引用。

場では黙認）や売春者がおかれている劣悪な労働環境（ギャングによる支配、暴力、劣悪な衛生状態）が社会的関心を呼んだ。その運動の中心を担ったのがＮＺＰＣ（New Zealand Prostitutes Collective｜Aotearoa New Zealand Sex Worker's Collective：ニュージーランドセックス・ワーカー協会）であった［西島２００７ａ：１３９―１７６］。

ＮＺＰＣは、１９８７年に活動を開始。当時の労働党政権よりＡＩＤＳ・ＨＩＶ対策の一環として基金を付託されたことで、売春に関わる労働環境・衛生環境の向上に寄与する法的整備の検討に入り、同時に売春の「非犯罪化（decriminalize）」を目指していった。１９９７年には、首都ウエリントンで開催された女性フォーラム（Women's Forum）をきっかけに、ＮＺＰＣ、ＹＭＣＡ、ＮＣＷ（National Council of Women）、ＮＺＡＦ（New Zealand AIDS Foundation）が母体となり売春法改正案作成がスタートした。

労働党のティム・バーネット（Tim Barnett）議員により、２０００年９月に議員立法案として、ＮＺＰＣ等の立案した売春改正法案（PRB: Prostitution Reform Bill）が議会に提出された。約2年後の２００３年6月27日、ＰＲＡは、賛成票が反対票を1票上回る僅差（賛成60、反対59、棄権1）で可決・成立した。同法は、その3条に目的（資料3－1）を掲げている。

資料3－2　PRAの広告制限

第11条【営利を目的とする性的サービス（commercial sexual services）に係る広告の制限】
第1項：営利を目的とする性的サービスの広告は、次に掲げる方法によって行ってはならない。
(a)ラジオまたはテレビでの放送
(b)新聞または雑誌への掲載、但し、新聞または雑誌の案内広告欄（classified advertisements section）を除く
(c)公開映画での上映

出典：ニュージーラン売春改革法2003（The Prostitution Reform Act 2003）3条。西島太一2007b翻訳「ニュージーランド2003年の売春改革法及び同施行令」234-235ページより引用。

ニュージーランドは、売春においてしばしば「ニュージーランド・モデル」と呼ばれるが、同モデルは売春を合法化（legalization）したわけではない。一般的に、合法モデルでは、売春宿やセックス・ワーカーの認可制度が採用され、国や自治体が管理・監督する。あくまでもニュージーランドは、売春を他の職業と同一と位置づけ、売春者を「労働者」としてその権利を最大限保障した（第3条）、と理解される。

また、売春が非犯罪化され一般の職業と同一であることから、売春者、売春管理者、買春者の三者全てが犯罪として問われない仕組みである。加えて、ニュージーランドでは、一般新聞（オンラインも可）で「売春広告」を見ることができる。新聞への売春広告掲載の根拠は、第11条第1項(b)の規定（資料3－2）による。

2016年、筆者が調査でニュージーランドに訪問した際、多くのニュージーランド人と話す機会があり、売春広告が一般新聞に掲載されている実情を問うた。偶然全ての方が女性であったが、皆一様に、「セックス・ワーカーの仕事が、ごく普通の職業として認知されていることの証でしょう。ただ、広告を見て積極的に通いたいとか、家族に通って欲しいとは思わない」と語っていた。また、新聞広告を見ると（資料3－3）、年齢、容

資料３－３　新聞サイト New Zealand Herald の売春広告

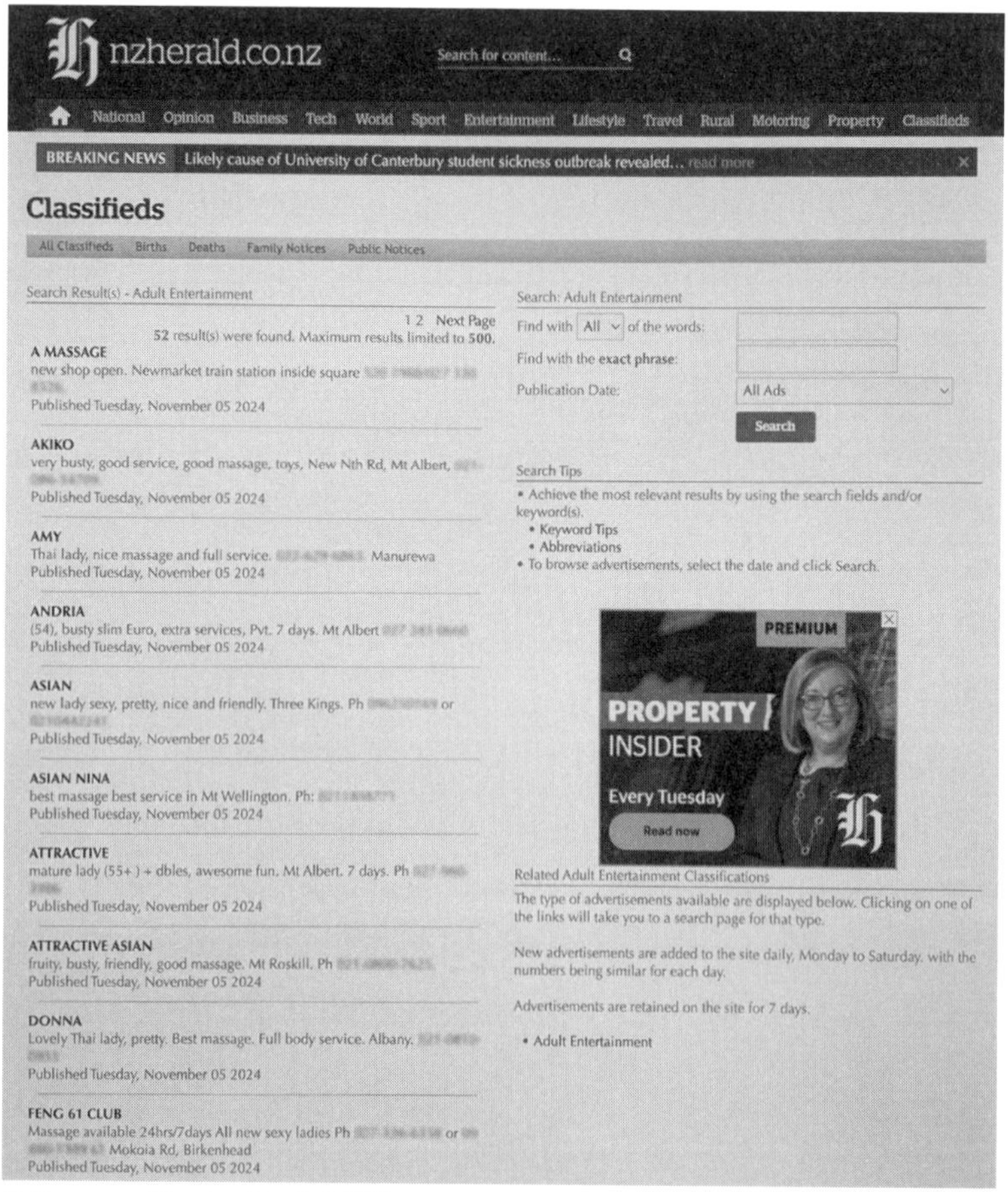
nzherald.co.nz

Search for content...

National Opinion Business Tech World Sport Entertainment Lifestyle Travel Rural Motoring Property Classifieds

BREAKING NEWS Likely cause of University of Canterbury student sickness outbreak revealed... read more

Classifieds

All Classifieds Births Deaths Family Notices Public Notices

Search Result(s) - Adult Entertainment

1 2 Next Page

52 result(s) were found. Maximum results limited to 500.

A MASSAGE
new shop open. Newmarket train station inside square
Published Tuesday, November 05 2024

AKIKO
very busty, good service, good massage, toys, New Nth Rd, Mt Albert,
Published Tuesday, November 05 2024

AMY
Thai lady, nice massage and full service. Manurewa
Published Tuesday, November 05 2024

ANDRIA
(54), busty slim Euro, extra services, Pvt. 7 days. Mt Albert
Published Tuesday, November 05 2024

ASIAN
new lady sexy, pretty, nice and friendly. Three Kings. Ph or
Published Tuesday, November 05 2024

ASIAN NINA
best massage best service in Mt Wellington. Ph:
Published Tuesday, November 05 2024

ATTRACTIVE
mature lady (55+) + dbles, awesome fun. Mt Albert. 7 days. Ph
Published Tuesday, November 05 2024

ATTRACTIVE ASIAN
fruity, busty, friendly, good massage. Mt Roskill. Ph
Published Tuesday, November 05 2024

DONNA
Lovely Thai lady, pretty. Best massage. Full body service. Albany.
Published Tuesday, November 05 2024

FENG 61 CLUB
Massage available 24hrs/7days All new sexy ladies Ph or Mokoia Rd, Birkenhead
Published Tuesday, November 05 2024

Search: Adult Entertainment

Find with All of the words:

Find with the exact phrase:

Publication Date: All Ads

Search

Search Tips

- Achieve the most relevant results by using the search fields and/or keyword(s).
  - Keyword Tips
  - Abbreviations
- To browse advertisements, select the date and click Search.

PREMIUM
PROPERTY INSIDER
Every Tuesday
Read now

Related Adult Entertainment Classifications

The type of advertisements available are displayed below. Clicking on one of the links will take you to a search page for that type.

New advertisements are added to the site daily, Monday to Saturday, with the numbers being similar for each day.

Advertisements are retained on the site for 7 days.

- Adult Entertainment

出典：ニュージーランドの大手新聞 New Zealand Herald の classified（広告欄）で、筆者が「All Ads（オール・アダルト）」と検索した結果、52 件のセックス・ワーカーの広告が表示された。検索は、登録なしでできるので、子どもでの検索可能。New Zealand Herald の広告欄ページ（https://www2.nzherald.co.nz/classifieds）最終閲覧日 2024 年 11 月 5 日。

資料3－4　NZPCの概要とミッション

ニュージーランド・モデル

ニュージーランドにおいて、セックス・ワーカーとしての仕事や売春宿を経営すること、また、性的サービスへの支払いは犯罪とはならない。セックス・ワーカーは、新聞、オンラインの広報欄に広告を掲載することが許可されている。しかし、セックス・ワークに18歳未満の者を従事させることは、違法である。

ニュージーランドは、セックス・ワーカーの人権を守り売春を非犯罪化することを目的に法律を策定した世界で唯一の国である。ニュージーランドの売春非犯罪化アプローチは、しばしば「ニュージーランド・モデル」と呼ばれている。

セックス・ワークに関連する法律は、この国の他の業種と同等に扱われている。セックス・ワーカーは、他の職業の労働者と同じ権利を持ち、労働環境の改善・保護と医療へのアクセスを保障される。

ニュージーランドの警察の役割は、コミュニティの一員であるセックス・ワーカーの安全を保障するために地域住民と協力することである。セックス・ワークが非犯罪化されたことで、セックス・ワーカーは、他の市民と同等の諸権利を保障されることとなった。

NZPCとは

NZPCは、セックス・ワーカーが自ら仕事と生活を管理できる権限を与えられることを望んでいる。当協会は、セックス・ワーカーのために、当事者を理解できる現役及び元セックス・ワーカーによって運営されている。当協会のサービスの中心は、労働者の権利、HIV（エイズウイルス）やSTI（性行為感染症）予防、教育などである。

当協会はまた、セックス・ワーカーに、コミュニティに設置した支部でコンドーム、水溶性潤滑剤などのセックス用品を無償配布している。

当協会は、セックス・ワークを始めた人や、それを志している人に、様々な情報を提供している。また、長年セックス・ワークに従事している人への情報もある。もし、あなたがセックス・ワーカーであるのならば、どのような事情があろうとも、あなた達の話を親身に聴くことに努める。私たちは、ニュージーランド全土に支部を持っている。

NZPCは、長い間、セックス・ワーカーのための法律改正の最前線に立ってきた。当協会は、ニュージーランドのセックス・ワークの非犯罪化のため「ニュージーランド売春改革法」の起草に尽力し、法律制定に貢献した。

NZPCの使命の詳細

当協会の中核をなすのは、セックス・ワーカーの諸権利を保障する事にある。

当協会は、セックス・ワーカーにとって可能な限りより良い労働条件を確保し、セックス・ワーカーの要求を満たすような政策の方向を勝ち取ることが重要であると考えている。当協会は、以下の目標を達成することを目指し運動をしている。

・NZPC のすべての政策に、セックス・ワーカー自らが関与する。
・セックス・ワーカーは、労働安全衛生を向上させるために、正確な情報に基づいた意思決定を行うことができることを確認する。
・安心で、安全な環境で労働することが可能になるために、セックス・ワーカーに情報や具体的支援を提供する。
・セックス・ワーカーの福祉、健康、人権に悪影響を与える障壁を克服する。
・労働安全衛生に有害な状況を克服するための戦略を構築することを目的に、セックス・ワーカーを支援する。
・セックス・ワークを志す人や、最近セックス・ワークを始めた人に、適切で公平な情報を提供する。
・政府や非政府組織と連携し、効果的で文化的に適切な方法でセックス・ワーカーを支援する。
・セックス・ワーカーのために、より良い条件でセックス・ワークに従事できるよう、政府と非政府組織と連携する。
・18 歳未満の者への支援を提供する。
・売春宿経営者に遵守すべき義務を説明するため、専門職を配置している。

出典：NZPC | Te Waka Kaimahi Kairau Aotearoa | New Zealand Sex Worker's Collective ホームページより筆者翻訳。https://www.nzpc.org.nz/ 最終閲覧日 2024 年 6 月 10 日。

姿、サービス内容が記載されており、子どもたちも日常的に見ることができることから、「一般紙の広告欄」に掲載すべきなのかどうかは大いに議論すべきである。

同様の仕組みを持つ国は、オランダ（2000年）、ドイツ（2001年）等で、近年増えつつある。売買春の非犯罪化においては、最近では「ニュージーランド・モデル」と称され、売買春者の非犯罪化の象徴とされている。

PRA制定には、当事者団体であるNZPCの活動が大きく貢献したが、同協会の詳細（資料3－4）を知ることで、売春者の非犯罪化の目的と意義を考えてみたい。また、売買春と、貧困、性虐待、人身売買とが密接に関わっていることがよく知られているが、ニュージーランド・モデルが、これらの課題解決に寄与できたのかも考察したい。

②　ＰＲＡ制定によりニュージーランドはどう変わったか

ＰＲＡ制定に中心的役割を果たしたＮＺＰＣ、およびそのスタッフがどの様な意見を持っているのかは極めて重要である。インタビューを通して、ニュージーランドにおける性売買事情が大きく変容したことが語られた。以下主要な論点をまとめた（資料３－５）。

第一に、性産業が一般の労働・産業と同様の法規制を受けることになったことで、セックス・ワーカーは、労働法制により労働者としての権利が保障され、セックス・ワークがより健康で安全に行われる様になった。

第二に、売春広告の緩和により、新聞・雑誌の広告欄に広報できることから、売買春が犯罪化されている国のように「マッサージ」、「エスコート」などと虚偽の情報で顧客を欺く必要がなく、セックス・ワーカー、店舗経営者、顧客間の信頼性が増し、より安全なセックス・ワークが可能となった。

第三に、ＮＺＰＣは、セックス・ワーカーとして性産業で働いている人、またそれを志している人、広く一般国民にも、様々な情報を提供したことで、性産業での就労の適性の有無、購入の適否も判断できる様になった。長年セックス・ワークに従事する者への情報も豊富になった。適切な情報を得ることで、より安全で健康にセックス・ワークに従事できる様になった。

第四に、セックス・ワークに対する偏見も差別も払拭され話題にしやすい雰囲気も出来てきた。セックス・ワークが非犯罪化されたことで、セックス・ワーカーは、警察に相談しやすくなった、などである。

資料3－5　NZPCでの聞き取り調査詳細

＊インタビューイ
・Catherine Healy: National Co-Ordinator（全国統括調整官）
・Dr. Calum Bennachie: Program and Operations Co-Ordinator（プログラム運用調整官）
・Channel Hati: Staff（トランス・ジェンダー、現役セックス・ワーカー）
＊インタビュアー
筆者（芝田英昭）
＊日時　2016年10月21日　10時～12時30分
＊場所　204 Wills St, Te Aro, Wellington 6011, New Zealand

Catherine：
2003年の法改正に関して：
・2003年の非犯罪化以前は、トラブルに巻き込まれても、警察を頼ることができなかったが、非犯罪化によって危険を伴う様々な状況において警察を呼ぶことができるようになった。警察との良い関係性が構築された。

貧困とSW（Sex Worker）との関係：
・貧困から逃れるためだとは言える。通常の仕事では、なかなか良い暮らしができなく、SWをすることでエクストラの収入を得ようとした者もいた。
・オタゴ大学のGillian Abel教授が、多くのSWの聞き取りをしてまとめた論文がある［Gillian Abel. 2010, Decriminalization: A harm minimization and human right approach to regulating sex work, University of Otago, Dunedin. 非犯罪化：被害の最小化と人権視点から、SWの法的規制にアプローチ］。
・Able教授の調査によると、なぜSWになったのか、また今も続けているのかの問いに、「家賃が高い」、「豪華な生活がしたい」、「高額な金銭が稼げる」、「子どもの教育費が高い」。多くのSWは、十分な資金があればこの仕事から離れたいと思っている。23％が仕方なく続けている、4％が強くやりたいし楽しい、としている。

サポートの充実：
・法改正によって、SWがより安全な状況下におかれる様になった。警察との関係、衛生用具が使えるなど、大きな改革であった。
・1994年横浜で、第10回エイズ国際会議（10th International Congress on AIDS）、世界のSWの集まる会議に参加。本会議において、APNSW（Asia Pacific Net-

work in Sex Worker：アジア・太平洋セックスワーカーネットワーク）が創設された。

多くの国のSWは、精神面の問題を抱えている。精神面でのサポートや教育が必要である。

日本人の現役の教師でSWの人と話したが、彼女はとても強い意志を持った人であった。多くの国では、SWは他の仕事を持っている場合が多い。余分なお金（extra money）を稼ぐために、SWを兼ねている。
・NZでは、女性の人口の4分の1が性的虐待を受けていると言われている。また、私たちの団体が把握するところでは、NZのSWにも、性的虐待の経験者が存在する。多くの方が、SWは、殆どが性的虐待の経験者だからSWになったと思っているが、実際はそうではない。ただ、これは世界的に共通する課題であろう。例えば、私の知っているある女性は、元SWで、虐待を受けていなかったし、とても良い家族に恵まれていた。その兄は、外交官であった。ただ、ある人は、父親からの性的虐待、夫からのDVから逃れるためにSWになった方はいる。
・以前は、ギャングが風俗店を経営し、そこでSWが働かされることが多かったと思う。
・法改正前、警察が逮捕したり、あるいは様々な問題に巻き込まれたりするような事があったSWは、警察がその情報を持っていた。しかし法改正後、政府がすべてのSWの情報を何も持っていない。SWは、職業の一つとして認識されており管理されるべきものでもない。とても、良い仕組みである。
・現在は、SWの記録は残らないことから、新しい仕事へのステップにもなるし、以前の様な差別や偏見も無くなった。
・法改正によって、SWは、警察に相談しやすくなった。以前は、違法であり警察とは関わらない事が一般的であった。気軽に相談できる様になったことは、大きな違いである。
・SW、経営者（クラブオーナー）、客すべてが犯罪とはならないため、極めて健全で安全な仕事となった。クラブオーナーは、SWに衛生具を配布しなければならなくなった。
・ブロッセル（brothel：売春宿）オペレーターは、セックスマナー、セクシャルハラスメント、労働法、人権について説明しなければならないし、違反した場合は2,000ドル以上の罰金が課せられる。
・2003年以前は、日本と同じ状況であった。

SW への偏見差別の解消：

・法改正後、SW に対する考え方がかなり変わった。偏見も差別も払拭され話題にしやすい雰囲気も出来てきた。国民の意識が変わったことはとても重要である。

・NZPC の役割。良き職業として SW を紹介することもある。ある場合は、SW のマネジメントも行う。様々な法的な情報も提供する。問題が起こった場合の解決等にも関与する。SW の組合（Trade Union）に近いと考えている。

・今は十分な情報もあるし、とても安全である。また、様々な SW に関わる問題を解決しやすくなった。多くの人が、SW に関して十分な情報を得ることができるようになったことから、その職に就くかあるいは SW を利用するか熟慮する（consider）ことができる社会になったことは、とても重要なことである。

2003 年の法改正は、労働党政権時に成立しているが、国民党政権になり変化：

・2003 年、時の首相ヘレン・クラークがこの法律を成立すべく強力に支援してくれた。国民党議員には、基本的には保守的な人が多い。ジョン・キー首相になってから、区画再整理（rezoning）が進んでいる。つまり、街角での SW は犯罪となり禁止され、屋内ベースに変わった。

・国民党になってから、所得格差が広がってきたが、これは SW にとっては大きなストレスとなっている。ここ数年、オークランド、クライストチャーチ、ダニーデンなどでハウジングクライシス（住宅価格高騰問題）が起こり、ますます格差が広がってきた。

収入等：

・現在、SW の一回の価格が、$40（約 3,200 円）の場合もある。

・法律の改正前と後で、収入が変わったかは分からないが。改正によって、SW の権利が守られる様になったので、行為前に金額の交渉をすることができる様になった（金額が前もって広報している場合や、売春宿形式で料金表が存在する場合は別）ことから、ギャング等から搾取されることがなくなった。

・独立開業している場合は、その都度料金をもらうが、バー等で雇用されている場合、日給制であったり週給制であったりとまちまちである。

・KiwiSaver（ニュージーランド社会保険型年金制度）に関しては、SW が独立開業している場合と、労働者として雇用されている場合があるので加入契約に関しては違いがあるであろう。

Channel：

・私はトランス・ジェンダーですが、今日のニュージーランド社会においてもなかなか一般の仕事に就くことは厳しいし、依然として差別はある。このような状況の中、私のようなトランス・ジェンダーが、生きていくために（生き残るために）SWになることはよくある。
・多くの方が、SWは性的虐待の経験者だし、ドラッグの経験者だと思っていますが、現在はそのようなことはかなり少ない。
・法改正前は、すべてのSWは違法であったため、現行犯であれば逮捕され起訴され、犯罪記録が残った。しかし、現在は18歳未満でも（14歳以下は子どもとして扱われ違法）も違法ではない。刑罰が与えられなくなったし、とても安全で健康が保たれると考えられる。
・法改正後、警察記録や犯罪記録に残らない事が、SWにとって生きやすい仕組みとなった。

Dr. Calum：
・多くのSWは、余分なお金を稼ぐために従事しているが、場合によっては失業し、福祉給付を受給している者も存在する。
・確かに、1960・70年代は、性的虐待を原因としてSWになる方が多かったし、言って見れば性的虐待は、家庭内SW（Home Sex Worker）である。しかし、現在は、性的虐待を原因としてSWになるのは稀である。
・2003年法は、ニュージーランド・モデルとして脚光を浴びている。それは、SWを合法とした国でも、経営者、SW、お客、のいずれかが違法な場合が多い。この場合、SWの安全性、健全性は確保できない。NZは、全てを非犯罪化にした事が、NZモデルと言われる所以である。
・本組織はNGOであり、政府からの財政的援助を得ることで独立した活動ができにくいのではないかと思われるかもしれないが、例えば、一般的には病院や警察も政府からの財政的支援があるが独立した活動の支障にはなっていない。それと同じで、財政支援はあるが活動の自律性は保たれている。これは、明白なことである。
・SWももちろんKiwiSaverを契約することができる様になったが、何人のSWが、KiwiSaverに加入しているのかは、分からない。
・所得。独立開業のSWの所得は、機械的に捕捉するのは極めて難しい。また、個人の家で業務を行なっている場合、住宅維持費用（水道光熱費）や様々なコストがかかり、総収入が所得となる訳ではない。また、クライアント宅にて業務を行う場合も、交通費がかかるので（遠い場合は高コストとなる）、収入イコール所得ではない。あるSWは、部屋（プレイルーム）の改修に$12,000（約96万円）もかかった場合もあった。

・若いSWは、独立開業しても金銭の管理が難しい場合があり、NZPCが彼女たちに代わってマネジメント（経営・運営管理）を行っている。廃業し、職を探している場合は、求職者給付（Jobseekers Benefit）が受給できる様にサポートもしている。

出典：2016年10月21日（10時～12時30分）、NZPC本部（204 Wills St, Te Aro, Wellington 6011, New Zealand）において筆者がインタビューした内容をまとめたものである。

ＮＺＰＣ関係者の聞き取りを通して、ＰＲＡがセックス・ワーカーの人権を擁護し福祉及び職業上の衛生・安全の促進にあり、またそれに寄与することを目的としていることは理解できた。

しかし、ここで以下の2点が大きな課題となると考えられる。

一点目、ＰＲＡは18歳未満の買春を禁じている。つまり、同法第22条で、18歳未満の者から営利を目的に性的サービスを購入できないことから、顧客は犯罪となるが、18歳未満で営利を目的に性的サービスを提供しても犯罪として起訴されない（第23条）としている。

二点目、ＰＲＡはその第19条において、「営利を目的とする性的サービス提供を意図する者」、「売春事業の管理者となることを意図する者」、「売春事業に投資することを意図する者」に対し１９８７年移民法上いかなる「在留許可」も与えないとしている。

ただ、セックス・ワーカーが、18歳未満なのか不法移民なのか、顧客は知る由もないし、警察も実質的に内部通報が無い限り「立入検査」ができない事から（第24条）、年齢、不法移民かどうかも判断すらできないのが実態であろう。この点は、ＮＺＰＣ全国統括調整官Ｈｅａｌｙが、「法改正前、警察が逮捕したり、あるいは様々な問題に巻き込まれたりするような事があったセックス・ワーカーは、警察がその情報を持っていた。しかし法改正後、政府がすべてのセックス・ワーカーの情報を何も持っていない。セックス・ワーカーは、職業の一つとして認識されており管理されるべきものでもない」と回答している事からも、実質的に児童買春や不法移民売買春が増えている可能性は否定できない。ただ、摘発されない限りは、その実態は数値の上でも掴めていないのが実情であろう。

１９８８年に設立されたＣＡＴＷ（Coalition Against Trafficking in Women：女性人身売買反対連合。人身売買に反対する世界初の国際非営利組織で、人身売買や売春に関し世界的な発信を行なっている）は、２０２１年６月に発表した〝Ｇｅｒｍａｎｙ Ｎｅｗ Ｚｅａｌａｎｄ Ａ Ｃｏｍｐａｒｉｓｏｎ ｉｎ Ｐｒｏｓｔｉｔｕｔｉｏｎ Ｌａｗｓ ２００２−２０１７〟において、「成人の売買春が常態化していることが、子どもの性的搾取に対する一般の認識にも影響を与えています。ドイツもニュージーランドでも、ＮＧＯやメディアは、子どもも『セックス・ワーカー』と呼び、子どもをレイプする男性を『お客』と呼ぶなど、被害を否定する言葉を頻繁に使っています。子どもたちは、完全に独立した部門で搾取されるのではなく、売春店や路上で成人といっしょに搾取されていることが多いのです。ニュージーランドでは、この法律の直接的な影響により、警察が身分証を確認し未成年者の存在をチェックすることが難しくなっています」〔CATW 2021: 12〕と報告しており、ニュージーランドが目指す「営利を目的とする性的サービスの非犯罪化」の中で、結果的に18歳以下の者や移民が性的搾取・性暴力に遭っていることを潜在化させているのではないだろうか。

米国務省『人身売買報告書20周年版』〔Department of State "Trafficking in Persons Report 20th Edition" June 2020〕では、ニュージーランドは、政府が人身売買の撤廃に関するＴＶＰＡ（Victims of Trafficking and Violence Protection Act of 2000：人身売買及び暴力被害者救済法）の最低基準を満たしている国として最高ランクのＴｉｅｒ1を、米国政府が付与しているが、「法執行機関が伝えるところによると、合法的営利目的性産業において、ニュージーランド市民を含む人身売買被害者を積極的に選別する能力に法的制限があった。たとえば、警察は、潜在的性暴力被害の告発に関して、苦情なしには売春営業所を検査・査察できないとする法規制から、その点を営利目的性産業と極めて密接な関係にある組織（ＮＺＰＣ）に依存している。しかし、ニュージーランド政府は、当該組織に、性的人身売買の定義や指標、その被害者へのサービス提供手順などスタッフへのトレーニングを提供すべきにもかかわらず、その点も告げていなかった」［Department of State 2020: 373］と厳しく非難している。

ＰＲＡの下では、人身売買被害者を救済できない可能性があることを露呈していると言わざるを得ない。

（２）スウェーデン・モデルの展望

スウェーデンでは、１９９９年に性的サービス購入を禁止する法律[2]が施行され、性的サービスを購入する（または購入しようとする）者が犯罪となり、起訴された場合は最大６カ月の懲役か罰金刑に処される。性的サービスを販売する者は非犯罪化され、カウンセリングや社会サービスの対象者として保護の対象となった。

スウェーデンの性的サービス購入禁止法は、ニュージーランドの売春改正法のように、セックス・ワーカー、売春管理者、顧客の三者全てが非犯罪化されたものではないことから、スウェーデン・モデル（Swedish Model）と称され、多くの国で導入の動きがある。

例えば、２００９年にはノルウェーとアイスランド、２０１４年にはカナダ、２０１５年には北アイルランド、２０１６年にはフランス、２０１７年にはアイルランド共和国、２０１８年にはイスラエルにおいても、スウェーデンと同様の法を成立させている。

18世紀以前、スウェーデンでは売春に言及した法律は存在しなかったことから、売春は法的には犯罪とは見なされなかった。しかし、スウェーデンは、キリスト教国であり、教会の規範では「婚外性交渉は禁止」されていた。売春を明確に禁じる最初の法律は、1734年の市民法典（The Civil Code of 1734）で、売春宿（brothel）での売春は犯罪とされ、鞭打ち、懲役、強制労働の刑に処された。1812年には、性病の疑いのある者の強制的健康診断と治療を許可する法律が制定され、実質的に売春婦と思しき女性が、その法の対象者となった。

1833年には、その頃の他のヨーロッパ諸国と同様に、地方自治体が売春を管理することとなった。スウェーデンでは、19世紀を通して売春は西ヨーロッパの言説通り「必要悪（the necessary evil）」とみなされていた。

スウェーデンでは、1960年代からジェンダー平等に関する議論が活発化し、1976年には地位平等省（Ministry of Equal Status）が設置され、1980年には機会均等オンブズマン（Equal Opportunities Ombudsman）制度が始まった。また、国家性犯罪委員会（The State Commission on Sexual Offences）が、1976年に『レイプに関するジェンダー勧告（A Gendered Recommendation on Rape）』を国に対して行い、それを受けて女性運動団体と女性国会議員を中心に、売買春に関する調査を国に要求した。

その調査の結果は、1981年に公表され、「売買春はジェンダー平等の問題ではない」［SOU 1981: 71］と結論付けたことで、物議を醸した。また、調査では「売買春は減少しており、そのような状況下で犯罪とすることは、売買春問題をかえって潜在化させ、売春者の汚名を悪化させるだけである」［SOU 1981: 71］と結論付けている。

その後、1983年から1993年にかけて、売買春を扱った50を超える法案が提出され、審議されたが、その多くが買春の犯罪化（the criminalization of purchase）を求めていた。また1993年には、元機会均等オンブズマンのインガブリット・トーネル（Inga-Britt Törnell）を委員長とする委員会が設置され、1995年には『性風俗産業：スウェーデン人における売買春調査報告』［SOU. 1995a: 15］を提出している。

同報告書では、売買春の当事者（異性愛者、同性愛者も含む）の犯罪化を提案した。また、女性に対する暴力委員会（The Commission on Violence Against Women）は、家父長制の下で犠牲となった女性を、さらに犠牲にすることは避けるべき」［SOU. 1995b: 60］として、買春者のみの犯罪化を求めた。

政府は1998年2月5日に、両委員会の意見を参考に、売春条項で購入者の犯罪化と職場でのセクシャルハラスメントと戦うための措置を含む「対女性暴力法案（The Violence Women Bill）」をまとめた。同法案は、当時の首相ヨーラン・パーソン（Göran Persson）とジェンダー平等大臣ウルリカ・メッシング（Ulrika Messing）の両者によって後押しされ議会に提案された。

ストックホルム大学経済史学部教授イヴォンヌ・スヴァンストロム（Yvonne Svanstrom）は、当時の議論の特徴を、「議論は、性別に強い影響を受けていた。例えば、男性は、売買春は社会的な課題ではあるが、犯罪ではないし、この法案は『自己決定に踏み込んでいる（intruded on self-determination）』と主張した。一方、女性は、『売買春は、ジェンダー平等を受け入れる社会秩序と両立しない』と主張した」［Svanström Y. 2005: 48–58］と指摘している。

つまり、性的サービス購入者の犯罪化は、男性から不評で女性からは支持されたと見ることができる。

本法案は、議会での投票において、社会民主党（Social Democrats）、左翼党（Left Party）、緑の党（Greens）が賛成し、穏健党（Moderate Party）と自由党（Liberal People's Party）は、売買春が地下に追いやられ潜在化するとして反対した。また、キリスト教民主党（Christian Democrats）は、性売買両者の犯罪化を望むとして棄権した。

スウェーデン政府の公式な立場は、この法律が、スウェーデンが売買春と戦う社会を志向していることの重要性を示したとしている。

売買春は、個人と社会全体へ深刻な害を及ぼすと考えられている。性的目的での人身売買、暴行、麻薬調達・取引などの大規模犯罪も、一般的には売買春に関連している。（中略）売春当事者の大多数は、とても複雑な社会的困難を抱えている。法が導入された当時、それは性的サービスを購入する人の抑止力として機能し、購入者の減少が期待された。また、同法の施行で、街娼、売春に新規参入する人の減少にもつながると期待された。さらに、性的サービス購入を犯罪化することで、スウェーデンにおいて、海外の個人や集団がより組織的に売春を行うことを困難にすることに貢献できる可能性があることも期待された。［Government of Sweden. 2015］

また、同法が施行されたことでどのような効果があったのかは、『1999〜2008年の革命――性的サービス購入犯罪化報告書』［SOU. 2010］として、スウエーデン政府より2010年6月2日に発表された。同調査報告の英文サマリーでは、スウェーデンでは、「売春の全体的な増加はない」とし、詳細を以下のように記述している。

近年、マッサージパーラー、セックスクラブ、ホテル、レストラン、ナイトクラブでの売春が増加していると言われているが、雑誌やインターネットの広告に依存しない屋内売春の蔓延を示す証拠は何もない。また、以前は路上で搾取されていた売春婦が、現在、屋内売春に関与していることを示唆する情報もない。性的サービス購入禁止法が導入されて以降、この分野で働く人々は売春が増加しているとは考えていない。売春活動に携わる人々は通常、顧客と接触するために自分自身を宣伝する必要があることから、この点を勘案しても、売春が大規模に存在し、完全に未知のままである可能性はほとんどないと言える。

我々が得た全体像では、過去10年間に近隣の北欧諸国で売春が増加している一方で、知りうる限りにおいては、少なくともスウェーデンでは売春は増加していないということである。これにはいくつかの説明が必要かもしれないが、北欧諸国間における主要な類似点を考えると、スウェーデンで性的サービスの購入が禁止されていなければ、売買春が増加したと考えるのが妥当であろう。したがって、性サービス購入の犯罪化は、売春との戦いに役立っていると言える。［SOU. 2010: 49］

スウェーデン国家犯罪捜査局諜報機関監察官、および人身売買に関する国家報道官であるカイサ・ウォールバーグ（Kajsa Wahlberg: Detective Inspector at the Intelligence Service within the National Criminal Investigation Department in Sweden, and also National Rapporteur on trafficking in human beings）は、米国の日刊紙ＵＳＡ　ＴＯＤＡＹのインタビューに以下のように答えている。

正確な統計を入手するのは困難だが、スウェーデンの売春婦数は、１９９８年の２５００人から２００３年には１５００人に、約40％減少したと推定できる。スウェーデン当局は、売買春に厳しい姿勢を示していることから、売買春は儲からないビジネスとみなされている。売買春組織は、利益、コスト、マーケティング、そして捕まるリスクを計算している。われわれは、売買春では儲からない劣悪な市場を創造しているのだ。［"Sweden prostitution law attracts world interest" USA TODAY, 16 March 2008.］

一方で、ケンブリッジ大学地理学部教授ジェイ・レビー（Jay Levy）は、1999年にスウェーデンで性サービス購入禁止法が施行されて以降の2008年から2012年にかけてセックス・ワーカーに行ったフィールドワーク（参与観察およびインタビュー調査）を基に、『性サービス購入犯罪化――スウェーデンからの教訓』［Levy, J.: 2016］を2016年に出版している。その中で、レビーは、同法律の危険性を指摘している。

性サービス購入犯罪化法とその政策により、スウェーデンでのセックスワークは、一部の人々、特に最も脆弱なセックスワーカーや街娼にとってますます危険で困難な状態になってきている。売買春を減らすはずの同法により引き起こされ悪化した被害のすべて、つまりその失敗の教訓を、政策と議論に活かすべきである。要するに、同法は売買春を減らすという目的を達成できなかったばかりか、同法とそれを正当化する議論においても、セックスワーカーに重大な危害を及ぼした証拠がある。性サービス購入犯罪化を海外に広げるスウェーデンの努力は、「同法が成功しており、有害ではなかった」という根拠のない主張に基づいている。（中略）スウェーデンは、この急進的な法律制定当初よりその成功を主張し続けており、他の国々は、売春法やその関連政策を起草または提案する際に、間違いなくスウェーデンに目を向け続けるであろう。しかし、彼らはスウェーデン・モデルの本当

の教訓、つまり「失敗からの教訓」を学ぶことでこそ成功するであろう。［Levy J. 2016: 230‐231］

スウェーデン・モデルは、論者の立場の違いによって両極端に評価が分かれる。これは、営利を目的とする性的サービスを非犯罪化したニュージーランド・モデルにも言えることである。

ニュージーランド・モデルは、営利を目的とする性的サービスを「労働（性労働）」と考え、一般労働と同様に労働法制の対象として「性労働者の労働権を守る」との発想で構築されていることから、性的サービス販売者、購入者及び管理者を含めてすべてのセクターを非犯罪化している。当然、セックス・ワークは労働の一形態であり、その領域への参入・離脱は個人の問題（自由）であり、当事者団体による安全で衛生的な労働環境への支援があるとしても、公的に離脱に向けた財政支援等は存在しない。

一方、スウェーデン・モデルは、性的サービスを売る女性に財政的、医療的、教育的支援を行い、離脱を促進することを目的としていることから、性的サービスを売る女性のみを非犯罪化し、購入者、管理者は犯罪としている。スウェーデン・モデルでは、「性的サービスを売る行為」は、労働とはみなさず、性暴力と見なしているところに特徴がある。

また、性売買における思想の一翼を担う「性労働論」は、「誰と、どこで、いつセックスをするのか」は、個人の自由に委ねられているとする「性の自己決定権」を根拠としている。しかし、包括的性教育が実施されていない日本社会で、多くの者がＡＶやポルノグラフィティを教科書として性を学んでいる歪な社会であり、性の自己決定権を行使できるだけの正確な情報と知識が不足する中で、社会的誘導・強制されている可能性は否定できるのであろうか。

おわりに……性的人格権の確立への視座

ジェンダー不平等社会での不合理、性売買の中で苦しむ人々が多いことは想像に難くない。ちなみに、世界経済フォーラム（ＷＥＦ）が、２０２４年6月21日に発表したジェンダーギャップ指数（Gender Gap Index）で、日本は調査対象国１４６カ国中１２５位で、主要7カ国（Ｇ７）で最下位であった［World Economic Forum 2023］。また、ＷＥＦによる２００６年の第1回の調査においては80位であったが、それと比べるとかなり順位を落としている。もちろん、特定の指標における順位が低いことだけを問題にすることは慎重でなければならないが、他の国がジェンダー不平等を解消するために相当の努力を払っていたにもかかわらず、逆に近年日本が順位を下げていることは、この問題に真剣に取り組まなかったことが要因と考えられる。

このことからも、明らかに日本は女性やマイノリティーを差別する社会であることが窺える。筆者は、女性を蔑視する社会の形成は、女性への性暴力の解消にも積極的に関われなかったことが原因の一つと考える。

筆者は、現在の性売買・性暴力を考える根源的な思想を「性的自己決定権」からの視点だけでは不十分で、「思想及び良心の自由」と同様に、国家権力や私人による侵害から守られなければならない重要な「人権」の一つとして「性的人格権」を位置付けることが重要だと考える。

しかし、日本の様に明らかに女性やマイノリティーの人権を軽く扱う社会において、性売買・性暴力を考える視座の中心に性的人格権を位置付けることは容易ではない。ややもすると、「性道徳」秩序の回復を狙うために論ずるのかと疑念を持たれる可能性もあるが、道徳の押し付けは、時の権力に都合の良い社会秩序を維持・回復するために、まさに国家権力が「国民の心に踏み込む」行為であり、日本国憲法19条の「思想及び良心の自由」を損なうと言わざるを得ない。

筆者は、性的人格権を基礎に性売買を考える場合を想定し以下に私見を述べる。

一点目、性売買は、将来無くす（廃止主義を踏襲する。処罰を基礎とした禁止主義ではない）ことを前提に、スウェーデン・モデルを参考に法改正を行う。売春を非犯罪とし、売春者（性別は問わない）が気軽にさまざまな相談ができる安全安心な相談体制を構築し、離脱へ向けての社会サービスを整える。もちろん売買春や風俗営業法等の性産業に関わる法改正の基本は、当事者のいないところで何も決めない、つまり性暴力にあっている人（性被害者）、性サービスを売ることで生計を立てている人が、参画する中で法改正に取り組む。

二点目、人権が尊重された教育を、初等教育から高等教育まで徹底する。人権は、国家権力により侵害されてはいけない重要な権利であることを常に理解できるようにする。その基本は、教育の自由が保障される教育課程の確立であり、初等教育から高等教育までの無償化を早期に実現する。義務教育課程で使用される教科書への国家権力による不当な介入を許さない。教職員が現場で最大限の裁量権を発揮できるようにする。

三点目、学習指導要領における「はどめ規定」を撤廃し、道徳主義的「性教育」から決別し包括的性教育を学ぶ機会を確保する。浅井春夫によれば、包括的性教育のポイントは、「①乳幼児期から思春期、青年期、さらには成人期、高齢期まで、人生におけるさまざまな課題に向き合っているすべての人にとって学ぶ意義があること、②性的発達と人生の歩みにおけるあらゆる局面に、賢明な選択と対応ができる、自らと他者の尊厳を大切にできる知識・態度・スキルをはぐくむこと、③人間関係においてさまざまな共生能力を獲得し、喜びを共有できる能力を獲得していく」［浅井2020：3・4］であるとしている。

もちろん、包括的性教育の実践は、一点目の人権が尊重される教育とセットでなければならない。特に義務教育現場への国家権力の介入が、教育の自由を奪っている実態があり、その克服なしには厳しいと言わざるを得ない。また、包括的性教育は、乳幼児期から高齢期までの人生の全てのステージにおける学習機会の確保が必要であることから、学校教育現場だけではなく、あらゆるセクターにおける運動・実践の必要も重視されなければならないであろう。

注

（1）拙著『占領期の性暴力——戦時と平時の連続性から問う』新日本出版社、2022年、第1章に詳しい。

（2）スウェーデンでの売買春による購入者の犯罪化は、1998年6月4日に可決成立（施行1999年1月1日）し、対女性暴力法（The Violence Women Law）の中に規定された。その後、2005年4月1日より刑法第6章11の「性犯罪」に移管され現在に至る。

引用文献（アルファベット順）

Abel, G. 2010, Decriminalization: *A harm minimization and human right approach to regulating sex work*, University of Otago. Dunedin.

浅井春夫2020『包括的性教育——人権、性の多様性、ジェンダー平等を柱に』大月書店、2020年。

CATW. 2021 (Coalition Against Trafficking in Women), "*Germany New Zealand A Comparison in Prostitution Laws 2002–2017*" June 2021.

Department of State. 2020, "*Trafficking in Persons Report 20th Edition*" June 2020.

English summary of SOU. 2010, *The report Prohibition of the purchase of sexual services. An evaluation 1999–2008*, 2 June 2010.

Government of Sweden. 2015, *Legislation on the purchase of sexual services*, published 8 March 2011 Updated 25 August 2015, https://www.government.se/search/?query=+Legislation+on+the+purchase+of+sexual+servises 最終閲覧日２０２２年６月27日。

Human Rights Watch April 3, 2022. https://www.hrw.org/ja/news/2022/04/03/ukraine-apparent-war-crimes-russia-controlled-areas 最終閲覧日２０２２年５月31日。

Kullberg, A. 1873, "*Om prostitutionen och de verksammaste medlen till de veneriska sjukdomarnes hämmande, med särskildt afseende fästadt på förhållandena i Stockholm*" (On prostitution and the most efficient ways of fighting venereal diseases, with special concern to the situation in Stockholm), Svenska Läkaresällskapets Nya Handlingar, 1873 (2), V. 1.

Levy, J. 2016, "*Criminalising the Purchase of Sex: Lessons from Sweden*" Routledge Taylor & Francis Group, 3 March 2016.

中里見博２００７「ポスト・ジェンダー期の女性の性売買」『社会科学研究』第58巻第２号、東京大学社会科学研究所、２００７年、２月。

西島太一２００７ａ「ニュージーランドの２００３年売春改革法について」、『オーストラリア研究紀要』第33号、追手門学院大学、２００７年12月。

西島太一２００７ｂ翻訳「ニュージーランドの２００３年売春改革法及び同施行令」『オーストラリア研究紀要』第33号、追手門学院大学、２００７年12月。

NZPC | Te Waka Kaimahi Kairau Aotearoa | New Zealand Sex Worker's Collective https://www.nzpc.org.nz/Home 最終閲覧日２０２２年６月５日。

労働省婦人少年局１９５２『婦人関係資料シリーズ　一般資料第17号　売春に関する資料――売春関係年表と文献目録』労働省、１

952年10月。
集英社オンライン2024、2024年2月13日付「海外で売春する日本人女性が増加」https://shueisha.online/articles/-/196041 最終閲覧日2024年10月1日。
SOU. 1981: Statens offentliga utredningar (SOU：政府公式調査). 1981, Prostitutionen i Sverige (Prostitution in Sweden：スウェーデンの売春) 1981.
SOU. 1995a, Könshandeln: Betänkande av 1993 åra prostitutionsutredning" *[Sex Trade: Report of the 1993 Prostitution Investigation in Swedish]*. Ministry of Health and Social Affairs. 1 March 1995.
SOU. 1995b, Kvinnofrid: Slutbetänkande av Kvinnovåldskommissionen" *[Peace for Women: Final Report of the Commission on Violence Against Women in Swedish]*. Ministry of Health and Social Affairs, 1 June 1995.
SOU. 2010, *The report Prohibition of the purchase of sexual services. An evaluation 1999–2008*, 2 June 2010.
Svanström, Y. 2005, "Through the Prism of Prostitution: Conceptions of Women and Sexuality in Sweden at Two Fins-de-Siècle", *Nordic Journal of Women's Studies*, 2005 (13).
USA TODAY, 16 March 2008. "Sweden prostitution law attracts world interest".
World Economic Forum. 2024, "*Global Gender Gap Report 2023*" June 2024.
読売新聞2024a、2024年4月4日付「『海外出稼ぎ』求人サイト、米国での売春を勧誘疑い」。
読売新聞2024b、2024年5月11日付「ソウルで日本人の女3人が売春の疑い、韓国警察が摘発」。

第4章

軍拡と社会保障

はじめに……20世紀の狂気「バターより大砲」から人類は何を学んだのか

ドイツでは、1933年1月30日にアドルフ・ヒトラーが政権を獲得し、同年2月10日の演説で、「我々に4年間の歳月を与えよ、しかる後、我々に審判を下せ」と訴え、同時に経済に関する「第一次四カ年計画」を発表し、自動車等の生産拡大、失業者大幅削減に貢献した。同計画において中心的役割を担ったのが当時の経済大臣ヒャルマル・シャハトで、彼の主張は対米協調による平和的路線であったことから、ヒトラーの思惑「戦争準備路線」とは一致しなかった。

ヒトラーは、1936年9月9日に、「ドイツ国防軍は4年間で戦場に投入可能なレベルになっていなければならない」[1]との「第二次四カ年計画」を発表した。いわゆるナチスによる「バターより大砲を」の路線に舵を切り、遺伝由来とされた疾患患者への断種を基本とする1933年断種法を制定させた。1939年にはナチスドイツにとって劣等とされる民族虐殺を是認する「T4作戦」へとエスカレートし、1945年5月9日の降伏までの約6年間に、ユダヤ人、ロマ人、スラヴ人等の異民族、精神病患者、労働しない（怠惰な）者、浮浪者、身体障害者、知的障害者、同性愛者等900～1100万人を虐殺した。

同じ頃（1937─1945年）、日本もアジアへの植民地支配を拡大すべく戦争を開始したが、日中戦争開戦から太平洋戦争終結までに、日本軍人が約44万6500人、日本民間人約310万人が戦死したとされる。同時期の中国の犠牲者は、終戦時の発表によると中華民国軍死亡者は約131万人とされ、また、1995年中国共産党出版の『中国抗日戦争史』によると中国民間人犠牲者は約2000万人とされた。この期間だけで日中の戦争犠牲者は約2500万人に上り、多くの命が奪われたことが分かる。

高度な智慧を持つ人間が、「人を生かすバター」よりも、「人を殺す大砲」を選び、20世紀において世界を巻き込む二度の大戦を起こした。特に第二次世界大戦においては特定の人種の迫害・虐殺など、人権侵害・人権抑圧が横行したことから、その反省に立ち、1948年12月10日第3回国際連合総会において世界人権宣言（Universal Declaration of Human Rights）が採択された。第1条において、「すべての人間は、生まれながらにして自由であり、かつ、尊厳と権利とについて平等である」と規定され、世界平和の基礎が人権であることを国際的に謳った画期的なものであった。

しかし、第二次世界大戦を経て世界人権宣言を打ち立てたことで、世界は大砲よりバターを選ぶ社会に転換できたのであろうか。

1　社会は変われたのか……新たな冷戦か

「大砲かバターか」は、経済政策においては、常に議論となる。限られた社会資源の分配において、大砲「軍事費」を優先すれば、バター「社会保障費」は削減され、反対に「社会保障費」を優先すれば、「軍事費」は削減されるというトレードオフの関係性で説明される。(2)

では、20世紀に二度の世界大戦を経験し、人間を犠牲にすることの愚かさを知った人間は、人間を生かす社会の

資料４－１　世界の核兵器保有数推移（1945～2021年）

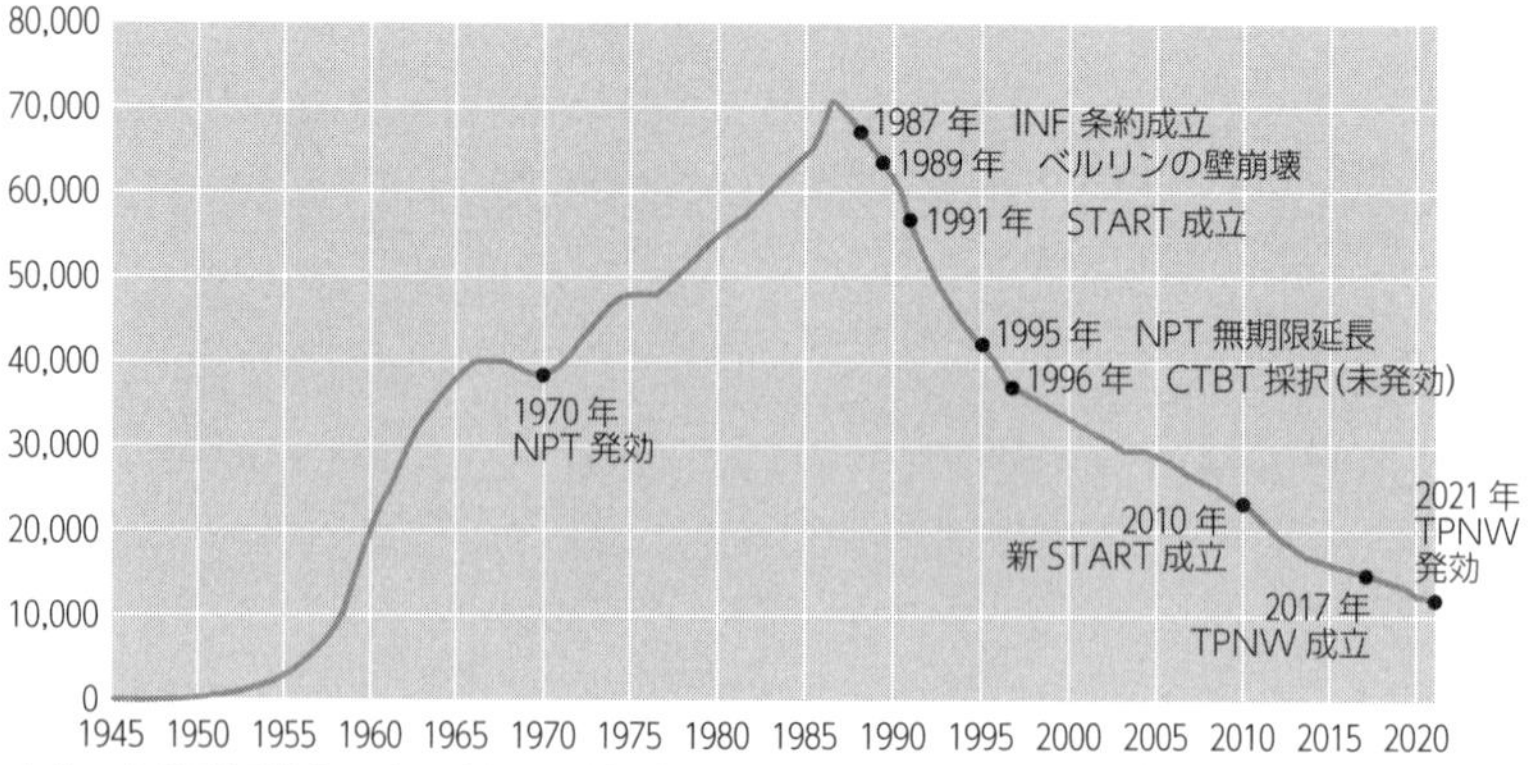

出典：公益財団法人日本国際問題研究所　軍縮・科学技術センター『核兵器のない世界に向けて』広島県地域政策局平和推進プロジェクト・チーム、2022年３月、１ページより引用。

構築へと変われたのであろうか。現実には、第二次世界大戦の最終盤の１９４５年２月から１９８９年12月まで、ソビエト連邦と米国は直接的には交戦せず、ソ連を中心とする共産主義陣営（東側）と、米国を中心とする資本主義陣営（西側）が、軍事、外交、経済、宇宙開発等で対峙し、互いの覇権を拡大した「冷戦」構造が続いた。

冷戦下、極めて非人道的兵器である「核兵器」の保有数（資料４－１）は、核による抑止力との考えから１９７０年代以降急激に増え、ピーク時の１９８６年には世界で７万発を超えた。ベルリンの壁崩壊で冷戦が終結し、その後急速に核兵器の数は減ってきたが、２０１０年代以降、削減幅は鈍化してきている。ストックホルム平和研究所のＳＩＰＲＩ　ＹＥＡＲＢＯＯＫ　２０２１によると、核兵器数はかなり削減されたとはいえ、２０２０年１月時点で世界の核兵器保有数は１万３４００発もあり、ロシアが世界で最も多い６３７５発、次いで米国が５８００発、第三位の中国が３２０発と、主要国の保有数だけで地球を何度も灰にする威力を持っており世界的軍事緊張の収束には程遠いといわざるを

資料４－２　日本の防衛費の推移（単位：兆円）

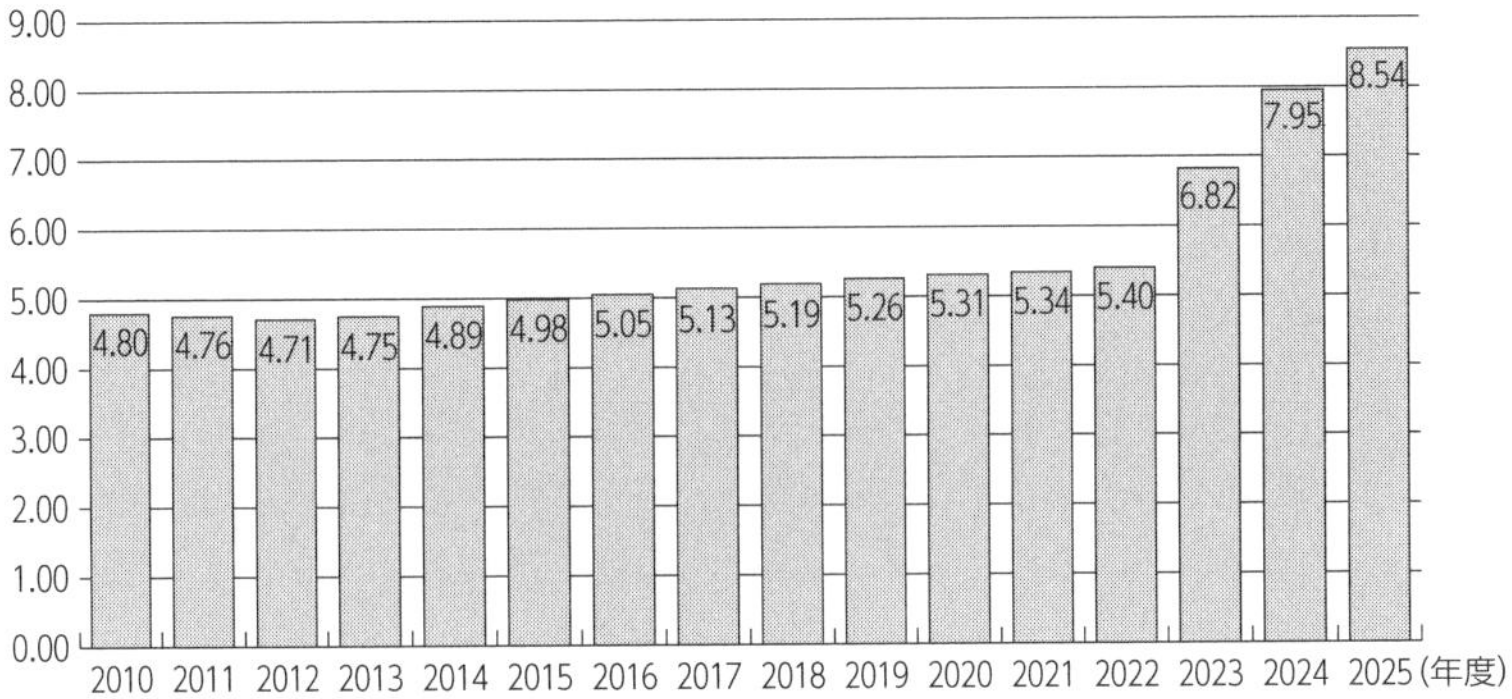

出典：防衛省ホームページ公表の数値を用いて筆者作成。
注：2024年度までは当初予算、2025年度は概算要求額。

得ない。

第二次世界大戦後70年に当たる２０１５年、日本政府は集団的自衛権行使を容認する「安全保障関連法」を同年9月17日可決・成立させた。同法は日本国憲法の立憲主義、恒久的平和主義及び国民主権を基本理念とする憲法解釈を大幅に変更し、同盟国米国と共に戦争をできる国にしてしまった。

その観点から近年の日本の防衛費の推移（資料４－２）を概観すると、２０１０年度以降３年連続で削減されていたが、２０１３年の第二次安倍政権成立以降11年連続で前年度を上回る伸びを示し、２０１５年度以降は9年連続で過去最大の防衛費を更新している。２０２３年度概算要求額は５兆５９００億円であったが、金額が具体的には示されていない「事項要求」が１００項目以上あり、最終的には当初予算は６兆８２００億円を超え過去最高額となった。また、自公政権は２０２２年12月、安保関連３文書を閣議決定し、２０２３～２０２７年度までの防衛費を合計で約43兆円とする方針を盛り込んだことで、２０２４年度７兆９５００億円、２０２５年度は概算要求段階で８兆５３８９億円と躊躇なく増額している。２０２５年度概算要求額は、ＧＤＰ（２０２３年度のＧＤＰ

は、内閣府の発表によると５９１兆４８２０億円）比１・44％となっている。

２０２２年２月24日のロシアによるウクライナ軍事侵攻により、世界的な安全保障の枠組みも揺らいでいる。例えば、ドイツはこれまで紛争地帯への武器輸出禁止措置をとってきたが、同年２月26日に、ウクライナへの武器供与を決め、対戦車兵器、対空ミサイル、機関銃、弾薬類、車両等の軍事物資を実際に供与している（ロイター２０２２年２月26日）。また、同国のオーラフ・ショルツ（Olaf Scholz）首相は、ロシアのウクライナ侵攻を受け、２０２２年２月27日、連邦議会下院演説の中で、それまでの方針を転換し国防費をＧＤＰ比で２％以上と大幅引き上げを表明した（ロイター２０２２年２月28日）。

さらに、長年に渡り軍事的中立を堅持してきたフィンランド、スウェーデンが、２０２２年７月５日、軍事同盟ＮＡＴＯ（北大西洋条約機構）への「加盟議定書」に署名し、フィンランドは２０２３年４月４日に、スウェーデンは２０２４年３月７日に、それぞれ31番目、32番目の加盟国となったことにより、ヨーロッパにおける軍事バランスは大きく変容した。これらの事象を「新たな冷戦」の始まりとするのか、旧来の冷戦構造終結の最終段階とみるのかは議論が分かれるところだが、現在の軍事的緊張はかつての冷戦とは異なり、エネルギー、食糧において世界的相互依存度を高めており、個々の国の基盤はかえって脆弱化していることを再認識させられたことから、東西両陣営で更なる軍事同盟強化が進み世界的規模での軍事的緊張がますます高まると考えられる。

世界的な軍事的緊張状況は、冷戦終結直後の１９９５年と２０２２年の世界主要国軍事費を比較すると（資料４－３）、その特徴が見えてくる。表に挙げた15カ国全てが軍事費を増額しているが、同期間で、ウクライナ56・５倍、中国23・６倍、インド８・３倍、ロシア６・８倍、オーストラリア４・２倍、韓国２・９倍、と驚異的に伸びている。

資料 4 − 3　主要国の軍事費の推移（単位：百万 US ドル、%）

Country		1990 年	1995 年	2000 年	2005 年	2010 年	2015 年	2020 年	2021 年	2022 年
1 United States of America		325,129	295,853	320,086	533,203	738,005	633,830	778,397	806,230	876,943
	GDP 比	5.61%	3.86%	3.11%	4.09%	4.90%	3.48%	3.70%	3.46%	3.45%
	世界シェア	34.80%	40.76%	43.15%	46.01%	44.81%	38.42%	40.22%	38.97%	39.15%
2 China		9,926	12,385	22,237	42,790	105,523	196,539	257,973	285,931	291,958
	GDP 比	2.45%	1.69%	1.84%	1.87%	1.73%	1.78%	1.76%	1.61%	1.60%
	世界シェア	1.06%	1.71%	3.00%	3.69%	6.41%	11.91%	13.33%	13.82%	13.03%
3 Russia		219,114	12,742	9,228	27,337	58,720	66,422	61,713	65,908	86,373
	GDP 比	xxx	3.78%	3.31%	3.33%	3.59%	4.87%	4.17%	3.72%	4.06%
	世界シェア	23.46%	1.76%	1.24%	2.36%	3.57%	4.03%	3.19%	3.19%	3.86%
4 India		10,537	9,754	14,288	23,072	46,090	51,295	72,937	76,349	81,363
	GDP 比	3.15%	2.58%	2.95%	2.91%	2.89%	2.46%	2.81%	2.47%	2.43%
	世界シェア	1.13%	1.34%	1.93%	1.99%	2.80%	3.11%	3.77%	3.69%	3.63%
5 Saudi Arabia		16,355	13,200	19,964	25,392	45,245	87,186	64,558	63,195	75,013
	GDP 比	14.02%	9.28%	10.53%	7.73%	8.57%	13.33%	9.18%	7.58%	7.42%
	世界シェア	1.75%	1.82%	2.69%	2.19%	2.75%	5.28%	3.34%	3.05%	3.35%
6 United Kingdom		43,545	38,294	39,344	61,654	63,979	59,990	58,332	67,501	68,463
	GDP 比	3.98%	2.85%	2.37%	2.42%	2.57%	2.04%	2.16%	2.16%	2.23%
	世界シェア	4.66%	5.28%	5.30%	5.32%	3.88%	3.64%	3.01%	3.26%	3.06%
7 Germany		39,835	38,743	26,498	30,325	43,026	38,170	53,319	56,513	55,760
	GDP 比	2.52%	1.5%	1.36%	1.07%	1.27%	1.14%	1.37%	1.33%	1.39%
	世界シェア	4.26%	5.34%	3.57%	2.62%	2.61%	2.31%	2.76%	2.73%	2.49%
8 France		35,774	40,124	28,403	44,442	52,044	45,647	52,747	56,647	53,639
	GDP 比	2.81%	2.49%	2.09%	2.02%	1.97%	1.87%	2.00%	1.92%	1.94%
	世界シェア	3.83%	5.53%	3.83%	3.83%	3.16%	2.77%	2.73%	2.74%	2.39%
9 Korea, South		10,111	16,085	13,801	22,160	28,175	36,571	46,117	50,874	46,365
	GDP 比	4.00%	2.89%	2.46%	2.47%	2.46%	2.49%	2.80%	2.81%	2.72%
	世界シェア	1.08%	2.22%	1.86%	1.91%	1.71%	2.22%	2.38%	2.46%	2.07%
10 Japan		28,800	49,962	45,510	44,301	54,655	42,106	51,397	50,957	45,992
	GDP 比	0.94%	0.92%	0.92%	0.92%	0.95%	0.95%	1.02%	1.02%	1.08%
	世界シェア	3.08%	6.88%	6.13%	3.82%	3.32%	2.55%	2.66%	2.46%	2.05%
11 Ukraine		xxx	779	696	2,072	2,587	2,960	5,924	5,943	43,998
	GDP 比	xxx	2.04%	2.15%	2.41%	1.90%	3.25%	3.81%	3.23%	33.55%
	世界シェア	xxx	0.11%	0.09%	0.18%	0.16%	0.18%	0.31%	0.29%	1.96%

12 Italy		20,735	17,186	19,876	29,738	32,021	22,181	32,929	36,249	33,490
	GDP 比	1.88%	1.47%	1.74%	1.60%	1.50%	1.21%	1.74%	1.72%	1.68%
	世界シェア	2.22%	2.37%	2.68%	2.57%	1.94%	1.34%	1.70%	1.75%	1.50%
13 Australia		6,704	7,666	7,274	13,238	23,218	24,046	27,301	32,718	32,299
	GDP 比	2.08%	2.02%	1.83%	1.80%	1.85%	1.95%	2.01%	1.99%	1.90%
	世界シェア	0.72%	1.06%	0.98%	1.14%	1.41%	1.46%	1.41%	1.58%	1.44%
14 Canada		11,415	9,177	8,299	12,988	19,316	17,938	23,083	25,362	26,896
	GDP 比	1.96%	1.55%	1.11%	1.11%	1.19%	1.15%	1.40%	1.27%	1.24%
	世界シェア	1.22%	1.26%	1.12%	1.12%	1.17%	1.09%	1.19%	1.23%	1.20%
15 Israel		6,529	7,946	8,328	8,922	13,875	16,457	21,817	24,341	23,406
	GDP 比	12.36%	7.92%	6.30%	6.26%	5.94%	5.42%	5.28%	4.98%	4.51%
	世界シェア	0.70%	1.09%	1.12%	0.77%	0.84%	1.00%	1.13%	1.18%	1.04%
World Total		934,146	725,924	741,881	1,158,907	1,647,034	1,649,699	1,935,150	2,068,960	2,239,871

出典：ストックホルム国際平和研究所（SIPRI＝Stockholm International Peace Research Institute）Military Expenditure Database 2023（2023年4月24日公表）を元に第一生命経済研究所が作成した資料を引用。https://www.dlri.co.jp/report/ld/247056.html 最終閲覧日2024年7月29日。

しかし、同期間でＧＤＰ比率を高めたのは、日本、ウクライナ、イタリアのみである。一方、大幅にＧＤＰ比率を下げたのは、米国、英国、フランス、ドイツであり、この４カ国はＮＡＴＯ加盟国であることにも注目しなければならない。軍事費の世界的シェアでは、米国が１・６ポイント、英国が２・２ポイント、日本が４・８ポイントとダウンし、フランスは１９９５年の半分以下になっている。

例えば、中国は軍事費を23・６倍に増額したが、１９９５年のＧＤＰ比は１・69％、２０２２年の同比率は１・60％と、ＧＤＰ比率ではほぼ変わらない。その傾向は、金額が驚異的に伸びたインド、ロシア、韓国、オーストラリアも、同様であることから、一定程度経済力、特にＧＤＰの伸びと連動して軍事費も増大する正の比例関係があると考えられる。

ロシアによるウクライナ侵攻以降、世界的軍事緊張は高まり、東西冷戦と酷似する傾向が現れており、今一度、人を殺す軍事力で世界を恐怖に陥れるのではなく、軍事力・

軍事費を削減し平和的外交手段を行使し、世界的緊張を緩和する方法を志向すべきである。日本は、憲法9条のもと、平和外交の先頭に立ち世界を牽引すべき立場にあることを再確認したい。

2 自公政権の防衛力拡大路線は社会保障を蔑《ないがし》ろにした

(1) 平和憲法を踏み躙る軍拡路線

日本は平和憲法のもと、具体的な軍事的支援や武器輸出はできなかったが、2014年第二次安倍政権で、それまでの「武器輸出三原則」を転換し、武器輸出に道を開く「防衛装備移転三原則」を閣議決定した。

日本政府は、2022年3月8日に「防衛装備移転三原則の運営指針」(2022年3月8日一部改定)により、防衛装備品である「防弾チョッキ」のウクライナへの移転(譲渡)を認めた。同三原則では、「紛争の当事国」への防衛装備品輸出を禁じていたが、政府は、ウクライナは紛争当事国には該当しないと判断した。岸田政権は、ロシアによるウクライナ侵攻という世界的軍事緊張を利用、台湾有事を想定し、「大砲(防衛費)」の拡大を狙ったと言える。

自由民主党政務調査会・安全保障調査会は、2022年4月26日に、『新たな国家安全保障戦略等の策定に向けた提言』を公表した。

同提言では、中国による台湾周辺の海空域の軍事活動の活発化、ロシアのウクライナへの軍事侵攻等を掲げ、「わが国を取り巻く安全保障環境は加速度的に厳しさを増している」［自民党２０２２：１］との前提に立ち、「わが党は先の選挙公約において、ＮＡＴＯ諸国の国防予算の対ＧＤＰ比目標（２％以上）も念頭に防衛関係費の増額を目指す」［自民党２０２２：２］と国民に約束した、としている。また、「ＮＡＴＯ諸国の国防予算の対ＧＤＰ比目標（２％以上）も念頭に、わが国としても、５年以内に防衛力を抜本的に強化するために必要な予算水準を目指す」［自民党２０２２：５］と政府に圧力をかけた。

自民党の提言に呼応する形で、岸田政権は、２０２２年６月７日に『経済財政運営と改革の基本方針２０２２（骨太の方針２０２２）』を閣議決定した。

同方針では、「ＮＡＴＯ諸国においては、国防予算を対ＧＤＰ比２％以上とする基準を満たすという制約へのコミットメントを果たすための努力を加速することと防衛力強化について改めて合意がなされた」［経済財政諮問会議２０２２：21］としたうえで、ドイツの例を挙げ「ＮＡＴＯ諸国の中でＧ７メンバーであるドイツは、国防予算を対ＧＤＰ比２％とすることを表明し、そのために憲法に相当する基本法を改正し、新規借入によって１０００億ユーロの特別基金を設立」［経済財政諮問会議２０２２：21］したことから、日本も「新たな国家安全保障戦略等の検討を加速し、国家安全保障の最終的な担保となる防衛力を５年以内に抜本的に強化する」［経済財政諮問会議２０２２：21］と宣言した。

しかし、日本は、ＮＡＴＯの加盟国ではないことから、ＮＡＴＯと同様に防衛費を対ＧＤＰ比２％以上にするとの説明は理解し難く、防衛費増の〝口実〟にしか聞こえないし、資料４‐３からも分かるように、２０２２年時点で日本の防衛費は既に世界第10位の地位である。仮にＧＤＰ比２％とした場合、２０２２年の防衛費は９００億ドル（約14兆円）を超え、世界第３位に躍進する。

日本が第二次世界大戦に敗戦し、新たな憲法を起案する過程において、軍隊不保持、戦争放棄が最大の課題となった。現行の日本国憲法は9条に「戦争放棄」を掲げ、世界から平和憲法と評価されている。しかし、保守層の多くは、この憲法がＧＨＱから押し付けられたものであり、改正すべきであると主張している。

ここで、日本国憲法にどのような経緯で戦争放棄条項が規定されたのかを歴史的事実から紐解くことにしたい。

１９４５年10月11日、幣原喜重郎は首相就任挨拶のためＧＨＱ司令官マッカーサー元帥を訪問し、その折に、マッカーサーは、日本の憲法の自由主義化を求めるいわゆる「五大改革」を口頭で指令した。その五大改革指令の後、幣原内閣は１９４５年10月25日に憲法問題調査会（委員長：松本烝治）を発足させ、憲法改正論議を開始した。

その後１９４６年1月24日、幣原は、マッカーサーから贈られたペニシリンで病気が回復したお礼を述べるために、彼の事務所を訪れている。その折、幣原は「新憲法を書き上げる際にいわゆる『戦争放棄』条項を含め、その条項では同時に日本は軍事機構は一切もたないことをきめたい、と提案した。そうすれば、旧軍部がいつの日かふたたび権力をにぎるような手段を未然に打消すことになり、また日本にはふたたび戦争を起す意志は絶対にないことを世界に納得させるという、二重の目的が達成せられる」［マッカーサー２００３：４５６］と述べた、とマッカーサーは回想録に記している。

また、幣原の発言に対してマッカーサーは、「この時ばかりは息もとまらんばかりだった。戦争を国際間の紛争解決には時代遅れの手段として廃止することは、私が長年情熱を傾けてきた夢だった」［マッカーサー２００３：４５７］と回想している。

また、幣原はこの戦争放棄の発案の経緯を「総理の職に就いたとき、すぐに私の頭に浮かんだのは、あの電車の中の光景であった。これは何とかしてあの野に叫ぶ国民の意思を実現すべく努めなくちゃいかんと、堅く決心したのであった。それで憲法の中に、未来永劫そのような戦争をしないようにし、政治のやり方を変えることにした。つまり戦争を放棄し、軍備を全廃して、どこまでも民主主義に徹しなければならないということは、他の人は知らんが、私だけに関する限り、前にも述べた信念からであった。それは一種の魔力とでもいうものか、見えざる力が私の頭を支配したのであった。よく米国の人が日本にやって来て、こんどの新憲法というものは、日本人の意思に反して、総司令部の方から迫られたんじゃありませんかと聞かれるのだが、それは私に関する限りそうじゃない、決して誰からも強いられたんじゃないのである」［幣原１９８７：２３０］と説明している。日本国憲法の戦争放棄条項を盛り込んだことが日本側からの発案であったことは、戦後日本の再建に関わった重要人物二人の証言が一致していることから、真実と考えられる。

日本国憲法は、その前文で「われらは、平和を維持し、専制と隷従、圧迫と偏狭を地上から永遠に除去しようと努めてゐる国際社会において、名誉ある地位を占めたいと思ふ。われらは、全世界の国民が、ひとしく恐怖と欠乏から免かれ、平和のうちに生存する権利を有することを確認する」と謳っている。岸田政権の防衛費増の方針は、日本国憲法の崇高な理念を放棄するものであり、許し難い蛮行である。

（２）安倍・菅政権の「自助・共助・公助」論から岸田政権の「自助・互助・共助・公助」論へ

岸田政権の社会保障戦略は、防衛戦略とは打って変わって、改善には極めて消極的であった。安倍政権下で全世代型社会保障検討会議が設置され、同会議の「最終報告」は、菅政権下の２０１９年12月15日に閣議決定された。その主な内容は、後期高齢者医療の自己負担率の引き上げ、待機児童の解消、男性の育児休業の取得促進等であった。

また、最終報告では、社会保障の基本的な考え方を「『自助・共助・公助』そして『絆』である。まずは自分でやってみる。そうした国民の創意工夫を大事にしながら、家族や地域で互いに支え合う。そして、最後は国が守ってくれる」［全世代型社会保障検討会議２０１９：２］、つまり生活が行き詰まらない限り「公」は登場しない。ここには、国民の生命・生活を保障するのが社会保障であるとする人権思想は見えてこない。

さらに、岸田政権では、２０２１年11月９日に「全世代対応型の持続可能な社会保障制度を構築する観点から」全世代型社会保障構築会議を設置し、２０２２年５月17日には、構築会議は「議論の中間整理」を公表した。

中間整理では、「社会保険を始めとする共助について、包摂的で中立的な仕組みとし、制度による分断や格差、就労の歪みが生じないようにすべき」［全世代型社会保障構築会議２０２２：１］であり、「将来世代へ負担を先送りせずに、能力に応じて皆が支え合うことを基本」［全世代型社会保障構築会議２０２２：１］とする。また、地域共生社会を構築するために、「地域課題の解決のために住民同士が助け合う『互助』の機能を強化していく」［全世代型社会保障構築会議２０２２：４］と強調した。

中間整理は、安倍・菅政権下の全世代型社会保障検討会議の方向性を引き継ぐものではあるが、社会保障観には大きな違いがある。それは、１９９０年代以降、自民党政権は社会保障を「自助・共助・公助」の三層構造で捉えてきたが、岸田政権では社会保障を「自助・互助・共助・公助」と四層構造で捉え、30年以上にわたり鳴りを潜めていた「互助」を復活させた。

但し、社会保障を四層構造で捉える視点は、政府公式文書ではないが、厚生労働省委託事業の地域包括ケア研究会『持続可能な介護保険制度及び地域包括ケアシステムの在り方に関する調査研究事業報告書』（２０１３年３月）

に既に見られ、同報告書では、社会保障の具体的な支え方を自助・互助・共助・公助の概念から整理している。

公助・共助・自助に関して、「『公助』は公の負担、すなわち税による負担、『共助』は介護保険や医療保険にみられるように、リスクを共有する仲間（被保険者）の負担、『自助』は、文字通り『自らの負担』と整理することができる。『自助』の中には、『自分のことを自分でする』という以外に、自費で一般的な市場サービスを購入するという方法も含まれる。たとえば、お弁当を購入するのも、調理しているのは自分ではないが、その対価を自ら負担しているという意味において、これも『自助』と考えるべきである」［地域包括ケア研究会２０１３］と説明している。

また、互助は、「相互に支え合っているという意味で「共助」と共通点があるが、費用負担が制度的に裏付けられていない自発的なものであり地域の住民やボランティアという形で支援の提供者の物心両面の支援によって支えられている」［地域包括ケア研究会２０１３］ものであるとしている。

１９８０年代までは、政府文書では社会保障を「自助・互助・公助という言葉に代表される個人、家庭、地域社会、公的部門等社会を構成するものの各機能の適切な役割分担」［厚生省１９８７］を原則とすると説明され、互助が「家庭、地域社会」を示し、社会保険や社会福祉は「公助」とされてきた。

しかし、１９９０年代に入ると「互助」が「共助」に置き換えられていった。具体的には、１９９４年の高齢社会福祉ビジョン懇談会『21世紀福祉ビジョン――少子・高齢社会に向けて（報告書）』では、社会保障を「自助、共助、公助のシステム」とし、共助を「家族、地域組織、企業」だとしている。この時点では、社会保険は「公助」に位置付けられていた。

しかし、２０１０年版厚生労働白書では、国民が相互に連帯して支え合うことによって安心した生活を保障することが「共助」であり、「年金、医療保険、介護保険、雇用保険などの社会保険制度は、基本的には共助を体現した制度」［厚生労働省2010］として、政府の公式文書で初めて社会保険を「公助」から外し「共助」に位置付けた(3)。

つまり、1980年代以降の政府の社会保障の捉え方は、「自助・互助・公助」から、「互助」を「共助」に置き換え、社会保険を「公助」から外し「共助」に組み込むことで、「公助」のカバー範囲を縮小してきた。また、岸田政権の社会保障を「自助・互助・共助・公助」の四層構造で捉える方向は、「公助」の役割を更に縮小し、その発動を遅らせる口実を作る結果となるであろう。また、この捉え方が、2013年の地域包括ケア研究会報告書の方向性と酷似しており、社会保障のあり方を10年前の焼き直しで誤魔化す発想でしかないことは、岸田政権が社会保障を蔑ろにしている証左ともいえる。

（3）　石破茂政権は岸田政権路線を引き継ぎ、軍事大国を目指す

岸田文雄の自民党総裁任期満了に伴う自由民主党総裁選挙（2024年9月27日）により、石破茂が第28代自民党総裁に選出された。2024年10月1日に開催された国会において内閣総理大臣に選出され、同日第102代内閣総理大臣に就任した。しかし、同年10月9日午後衆議院を解散、総理就任後8日での衆議院解散は戦後で最短となった。

10月4日に行われた石破総理大臣初信表明演説［官邸2024］では、岸田政権の実績を高く評価し「その思いや実績を基に」改革を進めるとしており、同政権の政策を引き継ぐことを表明した。

また、同所信表明演説は9771文字からなり、その内の2013文字が「日本を守る」とし外交・安全保障に

割かれ、「日米同盟を基軸に、友好国・同志国を増やし、外交力と防衛力の両輪をバランスよく強化し、我が国の平和、地域の安定を実現」［官邸２０２４］するとし、米国追従の日米同盟を強化し、米国と共に戦争をする国家を目指す方向であり、これでは「日本を守る」どころか、崩壊させるだけではないだろうか。

加えて、石破は明確に「国家安全保障戦略等に基づき、我が国自身の防衛力を抜本的に強化すべき」［官邸２０２４］としており、軍事大国を目指す道筋を示している。

おわりに……バター＝社会保障は人権である

社会保障を三層構造・四層構造で捉える場合、「公助」を最後のセーフティネットと据えた上で、その範囲をどう理解するのかに終始する嫌いがあるが、筆者は三層構造・四層構造でとらえることが「社会保障における人権視点を欠落させてしまう可能性」があると考える。

私たちが暮らす資本主義社会では、そもそも「自助」という前提は成り立たない。つまり、この社会においては、殆どの人々は生産手段（工場、機械、道路網、原材料等）を奪われていることから、自らに備わった働くことのできる能力（労働力）だけを切り売りして生きていかなければならない。従って国民は、常に失業、障害、疾病、介護状態、保育等により労働力が一定低減する状況にあるし、また定年退職、重い障害、死亡、回復不可能な疾病等により労働力を喪失する恐怖に晒されている。これらの課題は「生活問題」と呼ばれ、人々がこの生活問題を抱えることで、生活の糧である賃金（労働力の価値）が減少したり、また支出が増えたりし、生活が不安定となる。

この生活問題を緩和・解決するのが社会保障と呼ばれる制度・政策である。生活問題は、個人では回避することのできない「社会問題の一部」、具体的には生活過程に起こる社会問題である。社会問題の成立要件は、その問題の原因が社会構造そのものにある、社会的広がりを持っている、国や行政が大きな関心を寄せているか緩和・解決に向けて何らかの施策を有している、である。従って、生活問題対策である社会保障の創設・充実の責任は、立法・行政等の権限を持つ国や自治体、また生産手段を所有する資本家（いわば財界）とならざるを得ない。

現代の資本主義社会において、生活問題はいつでもどこでも起こり得る可能性があり、労働力の価値のみしか得られない多くの人々にとっては、それに対し自助・互助・共助で備えることは、そのための支出が増え、現実の生活を抑制的に送らざるを得ず実質的に不可能である。生活を安心・安定して送るためには、社会保障が公的に行われなければならないことは当然である。

従って、社会保障を三層構造や四層構造で捉えることはそもそも不可能であることから、政府の言い分は、社会保障における公的責任・資本家責任を捨象し、自己責任や住民相互の責任にすり替える都合の良い論理とみることができる。

また、人権視点から社会保障を考えれば、人々の生活は、多くの場合国家により規制されるし、基本的人権は往々にして国家により侵害される（勿論、国家だけではなく企業や個人からも侵害される）。正にこのような立憲主義に立脚すれば、国家による人権侵害を縛るために存在するのが憲法だといえる。つまり、憲法が保障する「健康で文化的な最低限度の生活」を送る「生活権」であり、それを「保障する」のは当然「公」である。従って、社会保障を、公が国民を助けるとの「公助」の概念で捉えるのではなく、「人々の当然の権利を保障する制度」として理解すべきである。

例えば世界人権宣言（１９４８年）22条は「すべての人は、社会の一員として、社会保障を受ける権利を有し、かつ、国家的努力及び国際的協力により、また、各国の組織及び資源に応じて、自己の尊厳と人格の自由な発展とに欠くことのできない経済的、社会的及び文化的権利を実現する権利を有する」としており、社会保障を考える場合、常に「人権保障」視点が重要である。

つまり、社会保障は、人権として保障されなければならず、生活問題解決を安易に自助・互助・共助に委ねたり、ましてや「市場化」することはあってはならない。では、社会保障に関わる施設等を全面的に国営・公営にすれば、国民の抱える生活問題は全て解決できるのであろうか。実は非常に大事な点は、この社会の中で社会保障にコモン（common：共有、協同、公共）を取り戻していく、つまり国民・市民が参画し管理運営に関わり道筋を作り真の協同の社会を築くことである。

そのヒントの一つが、協同組合（生活協同組合、労働者協同組合）ではなかろうか。出資者や労働者自らが、財政や生産手段も含めて、市民の意見を直接汲み取り市民自らが協同管理し、また新しい働き方を構築する、この方法は、未来社会を築く礎となる可能性がある。

この統治・労働のあり方では、一部のものによるトップダウン型の統治形態に陥らないようにするために、市民参画の主体性を育み、市民の意見が国家に反映されるプロセスを制度化していくことが欠かせない［斉藤幸平２０２０］。そのためには国家の統治機構を徹底して民主化していくことが重要であり、自公政権の軍拡路線の暴走を食い止め、社会保障の人権視点を重視する運動を展開しなければならない。

注

（１）ノルベルト・フライ『総統国家――ナチスの支配　１９３３―１９４５年』岩波書店、１９９４年。

（２）これは、近代経済学の大家ポール・サミュエルソンが『経済学』（都留重人訳、岩波書店１９８１年、原著Paul Anthony Samuelson, *Economics: An Introductory Analysis*, McGraw-Hill: 7th edition, 1967）の中で、限られた社会資源においては、「鉄砲（大砲）かバターか」のトレードオフ関係になることを、生産可能辺境線を用いて説明している。

（３）自助・共助・公助論の問題点に関しては、芝田英昭『社会保障のあゆみと協同』自治体研究社、２０２２年が詳しいので参照されたい。

引用文献（アルファベット順）

自由民主党政務調査会・安全保障調査会２０２２『新たな国家安全保障戦略等の策定に向けた提言』２０２２年４月26日。

官邸２０２４「石破茂内閣総理大臣所信表明演説」https://www.kantei.go.jp/jp/102_ishiba/actions/202410/04shu_san_honkaigi.html 最終閲覧日２０２４年10月６日。

経済財政諮問会議『経済財政運営と改革の基本方針２０２２（骨太方針２０２２）』２０２２年６月７日。

高齢社会福祉ビジョン懇談会１９９４『21世紀福祉ビジョン――少子・高齢社会に向けて』１９９４年、３月。

厚生労働省２０１０『平成22年版厚生労働白書』日経印刷、２０１０年。

厚生労働省委託事業の地域包括ケア研究会２０１３『持続可能な介護保険制度及び地域包括ケアシステムの在り方に関する調査研究事業報告書』２０１３年３月。

厚生省１９８７『昭和61年版厚生白書』厚生労働統計協会、１９８７年。

マッカーサー２００３、津島一夫訳『マッカーサー大戦回顧録』中央公論新社、MacArthur, D. (1964) *Reminiscences by MacArthur*, General Douglas MacArthur Foundation.

斎藤幸平２０２０『人新世の「資本論」』集英社、２０２０年。

政府『経済財政運営と改革の基本方針２０２２（骨太方針２０２２）』２０２２年６月７日。

幣原喜重郎1987『外交五十年』中央公論新社、1987年。
全世代型社会保障検討会議2019『最終報告』2019年12月15日。
全世代型社会保障構築会議2022『議論の中間整理』2022年5月17日。

第5章

マイナ保険証強制は、日本を監視国家にする

はじめに

連日のようにマイナ保険証に関する不具合が報告されている中、２０２３年9月13日第二次岸田再改造内閣が発足し、岸田首相は、記者会見冒頭で「コロナのときのデジタル敗戦は二度と繰り返さない。デジタルを力として地方経済の成長を図り、同時に、利用者目線を第一に据えて、国と地方の行財政の仕組みを変えていく」と述べた。また、翌9月14日には、武見敬三厚生労働大臣が就任会見で、「マイナンバー情報の総点検を着実に進めること。また、保険証の廃止を巡る一つ一つの不安に丁寧に対応し、マイナ保険証の利用促進に取り組む」と強調し、「健康保険証廃止」を前提にその意気込みを語った。

さらに、２０２４年10月７日、石破首相は、衆議院本会議の代表質問で、マイナ保険証に関して問われ、「現行の健康保険証の新規発行終了については、法の定めたスケジュールにより進める」と明言した。

しかし、２０２３年9月20日、極めて独立性の高い個人情報保護委員会が、国の給付金などを受け取る預貯金口座が別人のマイナンバーに誤って登録されるケースが相次いだ問題で、デジタル庁をマイナンバー法に基づいて行政指導したことが判明した。

この一連の騒動を見るにつけて、現行健康保険証を廃止しマイナ保険証を強制取得させることが「国民の人権を守るための施策」なのかには疑問が尽きない。

1　マイナンバー及びマイナンバーカードの法的根拠とマイナ保険証との関係

マイナンバーは、行政機関等が、個人や法人が異なる行政分野等において個人情報から同一人であるかどうかを識別するために付された個人番号であり[1]、また、マイナンバーカードは、個人が特定できる個人情報（顔写真、氏名、生年月日等）を電磁的方法で記録したカード[2]である、とマイナンバー法では規定している。さらに、その目的は「行政運営の効率化」、「便益の提供を受ける国民が、手続の簡素化による負担の軽減、本人確認の簡易な手段その他の利便性の向上」（同法一条）にあるとしている。

しかし、行政機関等は、「特定個人情報ファイルにおいて個人情報を効率的に検索し、及び管理するために必要な限度で個人番号を利用することができる」（同法九条2）とし、あくまでもマイナンバーの利用を「可能」としているのであり、「使用を強制する」ものではないことが分かる。また、マイナンバーカードの発行に関しても、「申請に基づき、その者に係る個人番号カードを発行する」としていることから、本カードの取得はあくまでも「任意」である。

ところが、第211回国会において、健康保険法等の一部改正法（2023年6月9日公布）が成立し、健康保険証のマイナンバーカードとの一体化（2024年秋）が法定されたことで、傷病リスクを勘案しほぼ全ての国民が常に「健康保険証」を携帯している事実に照らして、実質的にマイナンバーカード取得が「強制」されることとなった。

因みに、健康保険法では、「病院若しくは診療所又は薬局のうち、自己の選定するものから、電子資格確認その他

資料5－1　2024年秋の健康保険証廃止以降の「資格確認書」の取扱い

○当分の間、マイナ保険証を保有していない方全てに資格確認書を申請によらず交付
　⇒加入者全員にマイナ保険証又は資格確認書を交付
○資格確認書の有効期間は5年以内で保険者が設定（更新あり）

	〈従前の方針案と課題〉	〈対応案〉
対象者・交付方法	○原則、本人の申請に基づき交付 ※現在は、加入者全員に保険証を交付 ○要介護高齢者、障害者等の要配慮者が支援者による支援を受けて受診する際、マイナ保険証での受診が難しい場合がある	○当分の間、**マイナ保険証を保有していない方全てに申請によらず交付** ⇒加入者全員にマイナ保険証又は資格確認書を交付 ○マイナ保険証を保有していても申請により資格確認書が交付された要配慮者について、継続的に必要と見込まれる場合には、更新時に申請によらず交付 ○一度登録した後も、マイナ保険証の利用登録の**解除を可能**とし、資格確認書を交付
有効期間等	○1年間を上限 ・保険者の実務への影響大（現行の保険証） 被用者保険：原則有効期間なし 地域保険：2年の保険者もあり ・被保険者の更新手続き負担大（要介護高齢者、障害者含め毎年手続発生）	○現行の保険証の発行実務等（被用者保険の平均加入期間等）を踏まえつつ、不正使用等を防止 ⇒**5年以内**で保険者が設定（更新あり） ○様式も、現行の実務・システムを活用 ⇒サイズ：カード型（はがき型を含む） 材質：紙、プラスチック

出典：マイナンバーカードと健康保険証の一体化に関する検討会『最終とりまとめ』（2023年8月8日）より引用。

厚生労働省令で定める方法（以下「電子資格確認等」という。）により、被保険者であることの確認を受け、同項の給付を受けるものとする」（健康保険法六十三条）としており、医療機関等におけるマイナ保険証による被保険者確認、いわゆる「電子資格確認」だけが必須となっているわけではない。

「その他厚生労働省令で定める方法」とは何か。政府のマイナンバーカードと健康保険証の一体化に関する検討会の『最終まとめ』（2023年8月8日）では、従来の保険証と同様の「資格確認書」をマイナ保険証を取得しなかった加入者全員に配布するとしていることから、同証でも「資格確認できる」こととなる（資料5－1）。

つまり、資格確認書は「様式も、現行の実務・システムを活用」としていることから、現行の保険証と同様であり、あえて「現行保険証を廃止する必要性」はないのである。しかし、政府は現行保険証を廃止し、国民にマイナ保険証を取得させることに躍起になっている。

2 マイナ保険証使用の有無で一部負担の差別化……「法の下の平等」を侵害

政府は、医療制度改革において、法改正の必要ない「診療報酬改訂」で実質的な改革を推し進める場合がしばしばある。2023年4月より診療報酬「医療情報・システム基盤整備体制充実加算」点数の改訂が実施され、マイナ保険証取得・利用のインセンティブを与えた。

資料5－2からは、資格確認において「現行保険証」を使用した場合と、「マイナ保険証」を利用した場合の診療報酬が異なることが分かる。この加算は、「一部負担」に反映されることから、「健康保険証」を使用した患者は、「マイナ保険証」を使用した患者より、負担が重くなる仕組みである。また、2023年12月までは、経過措置として、「マイナ保険証」利用者には加算がないことから、「健康保険証」を使用した患者のみに負担を負わせる仕組みである（資料5－3）。

日本国憲法14条は、「すべて国民は、法の下に平等であって、人種、信条、性別、社会的身分又は門地により、政治的、経済的又は社会的関係において、差別されない」としている。しかし、診療報酬上「マイナ保険証」を使用しないことで、「経済的差別」が生ずることは、「法の下の平等」を侵すことにはならないであろうか。

資料5－2　医療情報・システム基盤整備体制充実加算（2023年4月より）

報酬対象名	現行の健康保険証利用時	マイナ保険証利用時
初　診　料	12円（4点） ＊月1回に限る	6円（2点） ＊月1回に限る
再　診　料 （外来診療も同様）	6円（2点） ＊月1回に限る	加算なし
調剤管理料	9円（3点） ＊6カ月に1回に限る	3円（1点） ＊6カ月に1回に限る

出典：中央社会保険医療協議会「個別改訂項目について」2022年12月23日、6-11ページより筆者加工。
注：一部負担が3割の患者に加算される医療費。

資料5－3　経過措置9カ月の診療報酬（2023年4～12月）

報酬対象名	経過措置（2023年4～12月） 現行の健康保険証利用時
初　診　料	18円（6点）　＊月1回に限る
再　診　料（外来診療も同様）	6円（2点）　＊月1回に限る
調剤管理料	12円（4点）　＊6カ月に1回に限る

出典：中央社会保険医療協議会「個別改訂項目について」2022年12月23日、6-11ページより筆者加工。
注：一部負担が3割の患者に加算される医療費。

また、マイナ保険証を利用することで、「一部負担」が低くなることは、結果として被保険者に「マイナ保険証利用を強制」することになる。このような手段を講じてしか「マイナ保険証」利用促進ができないのは、極めて「姑息」だとしか言いようがない。もし、本当に「マイナ保険証」利用が、国民の安全・安心・健康を促進することに資するのであれば、正々堂々とした手段を講ずるべきである。

さらに、マイナンバーカードと健康保険証の一体化に関する検討会『最終まとめ』では、一旦マイナ保険証に登録した場合でも、「マイナ保険証登録の解除を可能」（資料5－1）としており、結果、解除し健康保険証を利用した場合は、一部負担が重くなる。これでは、マイナ保険証は、国民の

資料5－4 保険診療に対する「マイナ保険証資格確認」利用状況

月	保険診療数	マイナ保険証資格確認数	利用割合
2023年3月	1億1804万件	267万件	2.26%
2023年4月	1億3165万件	829万件	6.30%
2023年5月	1億4200万件	853万件	6.01%
2023年6月	1億5214万件	849万件	5.58%
2023年7月	1億5501万件	781万件	5.04%
2023年8月	1億5732万件	734万件	4.67%
2024年2月	1億6791万件	838万件	4.99%
2024年4月	1億8438万件	1,210万件	6.56%

出典：2023年3月～2024年2月までの数値は、デジタル庁『マイナ保険証の利用等に関する現状』2024年3月21日、2ページより筆者作成。https://www.digital.go.jp/assets/contents/node/basic_page/field_ref_resources/8adde791-e214-4b5b-b9ad-4eb89a354dbc/35637ed6/20240321_mynumbercard-promotion_outline_05.pdf 最終閲覧日2024年8月25日。2024年4月の数値は、第178回社会保障審議会医療保険部会に厚生労働省が提出した資料より引用。https://www.mhlw.go.jp/stf/newpage_40232.html 最終閲覧日2024年8月27日。

信頼を勝ち取ることはできない。

そもそも、「マイナンバーカード」の取得が進まないことから、政府は国民が常に携帯する「健康保険証」と一体化することで、実質的にマイナンバーカード取得促進にインセンティブを与えようとしたのであり、「本末転倒の愚かな政策」としか言いようがない。

総務省の資料では、2024年7月31日時点でマイナンバーカード保有数は9308万枚、マイナ保険証登録件数は7255万枚（厚生労働省が2024年6月21日に発表した資料）であることから、マイナンバーカード保有者の77・9%がマイナ保険証利用登録をしていることになる。

政府の思惑通り、多くの国民がマイナンバーカードを取得しマイナ保険証へ紐付けしたにもかかわらず、保険診療においてマイナ保険証で資格確認した割合は、資料5－4が示すように、2023年6月以降下がってきている。この間、２０２４年４月に６・56％と最大値を示した[3]が、これは厚生労働省が４月10日、「マイナンバーカードの保険証利用の増加度合い」に応じて、医療機関に最大で20万円の支援金を交付する方針を示したことの反映と考えられる。しかし、マイナンバーカード保有者の約８割がマイナ保険証利用登録しているにもかかわらず、マイナ保険証での資格確認の最大値が６・56％程度と、保険診療の９割以上においてマイナ保険証による資格確認が行なわれていないことになる。一部負担に格差をつけ、確実にマイナ保険証を利用した場合の方が安くなるのにもかかわらず、ほとんど使用されていない実態は、「国民の政府不審」の現れと見るべきである。

３　皆保険体制崩壊の危機

日本の皆保険体制は、１９６１年４月１日の国民健康保険制度の全面実施により確立した。１９６３年版厚生白書では、「医療について皆保険が達成された現在においては、すべての国民について、疾病に対する備えができている」とした。また、厚生労働省は、国民皆保険体制の意義を「我が国は、国民皆保険制度を通じて世界最高レベルの平均寿命と保険医療水準を実現」、「今後とも現行の社会保険方式による国民皆保険を堅持し、国民の安全・安心な暮らしを保証することが必要[4]」と強調している。加えて、同文書では、国民皆保険制度の意義を「①国民全員を公的医療保険で保障。②医療機関を自由に選べる（フリーアクセス）。③安い医療費で高度な医療。④社会保険方式を基本としつつ、皆保険を維持するため、公費を投入[5]」と高らかに謳っている。また、２０１２年版厚生労働白書では、「国民全てが公的な医療保険に加入し、病気やけがをした場合に『誰でも』、『どこでも』、『いつでも』保険を使って医療を受けることができる。これを『国民皆保険』という」と、当時の民主党政権ならではの表現も盛り込まれている。

さて、現行の健康保険証を廃止して「マイナ保険証」に舵を切ることが、本当に「国民の安全・安心な暮らしを保証する」ことに繋がるのであろうか。以下、マイナ保険証の強制が、皆保険体制を崩壊させかねない問題点を示したい。

一点目、マイナ保険証で資格確認を行なった場合、本人の意向とは関係なく様々な医療情報（診療内容、処方薬情報等）が医療機関により閲覧されてしまう。知られたくないとの意向は、憲法が保障する「自由権」（日本国憲法12条、19条）の行使であるが、この権利が毀損されかねない。

二点目、マイナンバーカードと一体化されたマイナ保険証は5年毎の更新が必要となるが、高齢者（特に認知症高齢者や施設入所高齢者等）や障害者が、更新時期を確認し、マイナ保険証の更新をスムーズにできるのか。つまり、マイナ保険証使用強制により一部の者が場合によっては排除される可能性があり、個人の尊厳（日本国憲法13条）、法の下の平等（日本国憲法14条）からも看過できない問題点を内包している。

三点目、現時点で、マイナ保険証使用へのインセンティブとして健康保険証使用者の一部負担が高くなる仕組みであり、この時点で、診療そのものを忌避する可能性があり、法の下の平等（日本国憲法14条）を侵している。

健康保険証を廃止し、国民にマイナ保険証使用を強制することは、日本が長年にわたり維持しきた「皆保険体制」を崩壊させ、人権が蔑ろにされる危険性が極めて高い。利便性も高く行政的にも不都合のない健康保険証を廃止すべきではなく、使用の存続を維持すべきである。

４　在留カードとの一体化から見えてくる「マイナンバーカード」の恐るべき未来

第２１１国会でのマイナンバー法改訂により、既存の公共事務だけではなく、準ずる事務（準法廷事務）であれば、法改正を経ずに、「省令の改定」のみでマイナンバーに紐付け可能となった。いわば、国民の意向とは全く関係なく、政府の意のままにあらゆる個人情報がマイナンバーに紐付けすることが可能となった。

現時点で、マイナンバーとの紐付けが予定されているのは、健康保険証、在留カード（２０２５年以降）、各種社会保障給付、税金関係、各種オンライン決済口座登録、証券口座登録、住宅ローン契約、銀行口座登録、運転免許証、自治体職員証（徳島県職員、新潟県三条市他８自治体）、大学職員証・学生証（東京工業大学）、自治体図書館証（東京都八王子市図書館他59自治体図書館）大学図書館（宇都宮大学図書館、滋賀大学図書館等）、民間企業社員証（ＴＡＣ、ＮＥＣ、ＮＴＴ．ｃｏｍ、内田洋行、ＮＴＴデータ等）、その他各種国家資格・免許等である。つまり、日本国内で生活する上では、マイナンバーカードが必須の「査証（ビザ）」の役割を果たすことになる。

政府の工程表では、２０２５年を目途にマイナンバーカードと「在留カードとの一体化」をし新たなカードの発行が計画されている。同計画からは、マイナンバーカードの真の狙いが見えてくる。

在留カードは、「出入国管理及び難民認定法（改正法２０２３年６月16日施行）」に規定され、日本に在留資格を持って在留する外国人(6)に交付され、同法二十三条により「在留カード」携帯が義務付けられている。また、入国管理官、入国警備官、警察官、海上保安庁その他法務省令で定める国又は地方公共団体の職員が、「在留カードの提示を求めたときは、これを提示しなければならない」（同法二十三条3）とし、違反した者は、刑事罰の対象ともなる。

多くの日本人は、マイナンバーカードと「在留カード」との一体化は、我々には無縁であり、何の問題もないと考えるであろう。しかし、一体化が完了した暁には、例えば日本人であっても、職務質問された場合、外国人でないこと及び身分を証明するために（職務質問においては、通常は、身分証明書の提示は求めないが）マイナンバーカードを提示せざるを得なくなる。現時点であれば、身分証明は、運転免許証、健康保険証等の提示で事足りる。しかし、近い将来は、身分を証明するツールがマイナンバーカード1枚に収斂されれば、結局、すべての国民は、自らの存在を証明するためにマイナンバーカードを常時携帯しなければならなくなる。

また、マイナンバーカードには、国籍記載欄が存在しないことから、職務質問した警察官は、マイナンバーから個人情報データベースへのアクセスが認められることになるであろう。したがって、近い将来、警察当局が必要とする個人情報は、すべて閲覧できるようになる可能性がある。マイナンバーカードは、国家にとって「好まざる者」を炙り出す最適なツールとなりうる。「省令の改定」のみで、あらゆる情報と紐付けられることとなる未来は、まさに監視国家の様相を呈するであろう。

おわりに……監視国家体制は資本主義に欠かせない

一旦、国家にマイナンバーに紐付ける個人情報の選択権限を無制限に与えてしまえば、その範囲は際限なく拡大する。国家にとって、好まざる者を排除する上でも、個人情報を収集することは利益にかなう。今や、ＰＣ、スマホなどの各種デバイスにおいては、顔認証機能が搭載されていることが常識となってきている。マイナンバーカードを取得した人の顔認証データは、総務省所管の「地方公共団体情報システム機構（Ｊ－ＬＩＳ）」や自治体に蓄積される。

また、デジタル庁は、多くの個人情報は、従来通り各行政機関毎に保有し、共通データベース化はせず分散管理[7]することから、紐付けられた個人情報が簡単に閲覧できるわけではないとしている。しかし、デジタル庁は「情報提供ネットワークシステムを使用して、情報の照会・提供を行うことができる[8]」としていることから、国家がその権力を行使して、国民のあらゆる情報を収集することは可能である。

国民の個人情報の集積は、大きく「経済的利用」、及び「政治的利用」に供される。

経済的利用とは、直接的には、マイナンバー事業関連企業に利益をもたらしたことである。現に、地方公共団体情報システム機構に社員を出向させている企業（ＮＴＴコミュニケーションズ、ＮＥＣ、日立製作所）が、機構のマイナンバー関連事業の少なくとも72％（件数ベース）を受注していたことが毎日新聞の調査で分かっている[9]。また、マイナ保険証利用時の資格確認には「顔確認付カードリーダー」が必須となるが、その機器を特定の企業が供給している。例えば、パナソニックコネクト（パナソニックＨＤ傘下）、アルメックス（ＵＳＥＮＨＤ傘下）、リコー、富士通、レスターキャステック（レスターＨＤ傘下）、キヤノンＭＪ等であり、これらの企業は、マイナンバー事業やマイナ保険証資格確認によって新たな利益を獲得したことになる。

個人情報は、商品開発や宣伝においては貴重なビッグデータであり、それらを活用することで、企業にとっては莫大な経済的利益を生み出す「打ち出の小槌」ともなりうる。そのことから、政府が財界に対して、マイナンバーカードの取得利用を後押ししている理由も見えてくる。

２０２２年8月25日、河野デジタル相が、日本経済団体連合会（経団連）を訪れ、マイナンバーカードの普及と利活用の要請を行なっている。その際、河野デジタル相は、マイナンバーカードを使った個人認証サービスによって、「ショッピングや金融機関での口座開設、住所変更時の新住所取得などの用途を挙げ、マイナンバーカードの本人確認機能の活用で、企業活動も便利になってくる」[10]と、その利活用のメリットを説いている。

２０１３年6月に閣議決定された『世界最先端ＩＴ国家創造宣言』からは、「『ヒト』『モノ』『カネ』と並んで『情報資源』は新たな経営資源となるものであり、『情報資源』の活用こそが経済成長をもたらす鍵」[11]だとしており、経済的利益優先の姿が見えてくる。

２０１７年にはビッグデータの活用に道を開く改正個人情報保護法が全面施行され、個人を特定できない「匿名加工情報」なら本人同意なく売買可能とした。同年の経団連提言『Ｓｏｃｉｅｔｙ５．０に向けた電子政府の構築を求める』では、「公共データの産業利用による新産業・新事業の創出等、わが国の経済社会、国民生活の活性化を図り、国際競争力強化に結び付ける視点が重要」[12]とし、国民の個人情報を経済的利益からしか捉えていない状況が見えてくる。

さらに、個人情報は「政治的利用」に供されることは容易に考えられる。本章において何度か触れているように、国家（時の政府）にとって好まざるものを炙り出し排除するツールにもなりうる点である。国家により常時監視されている社会には、国民の感情が萎縮し自由にものを言えない社会を形成することになる。その第一歩を、マイナ保険証が担おうとしている。

この政府の目的に鑑みれば、現行健康保険証の使用存続、マイナ保険証の廃止、更にはマイナンバーカードの撤廃を訴えていく運動を盛り上げていくべきである。

注

（1）行政手続における特定の個人を識別するための番号の利用等に関する法律（以下「マイナンバー法」）」一条では、「個人及び法人その他の団体を識別する機能を活用し、並びに当該機能によって異なる分野に属する情報を照合してこれらが同一の者に係るものであるかどうかを確認することができる」としている。

（2）マイナンバー法二条7「「個人番号カード」とは、氏名、住所、生年月日、性別、個人番号その他政令で定める事項が記載され、本人の写真が表示され、かつ、これらの事項その他主務省令で定める事項（以下「カード記録事項」という。）が電磁的方法（電子的方法、磁気的方法その他の人の知覚によって認識することができない方法をいう。第十八条において同じ。）により記録されたカードであって、この法律又はこの法律に基づく命令で定めるところによりカード記録事項を閲覧し、又は改変する権限を有する者以外の者による閲覧又は改変を防止するために必要なものとして主務省令で定める措置が講じられたものをいう」としている。

（3）厚生労働省保健局『オンライン資格確認等について（第168回社会保障審議会医療保険部会：資料1）』2023年9月29日、45ページ。

（4）厚生労働省ホームページ「我が国の医療保険について」https://www.mhlw.go.jp/stf/seisakunitsuite/bunya/kenkou_iryou/iryouhoken/iryouhoken01/index.html 最終閲覧日2023年10月13日。

（5）前掲。

（6）出入国管理及び難民認定法十九条の三「一　三月以下の在留期間が決定された者　二　短期滞在の在留資格が決定された者　三　外交又は公用の在留資格が決定された者　四　前三号に準ずる者として法務省令で定めるもの」に交付される。

（7）デジタル庁「マイナンバー制度における個人情報」https://www.digital.go.jp/assets/contents/node/basic_page/field_ref_

resources/fb0b3edb-47c6-4eed-abeb-f161194a703f/20211116_policies_posts_mynumber_security_05.pdf 最終閲覧日２０２３年10月17日。

（8）前掲。

（9）毎日新聞２０２３年9月20日付。

（10）日経クロステックデジタル版、２０２２年8月25日付。

（11）閣議決定『世界最先端ＩＴ国家創造宣言』２０１３年6月14日、３ページ。

（12）日本経済団体連合会『Ｓｏｃｉｅｔｙ５．０に向けた電子政府の構築を求める』２０１７年2月14日、３ページ。

第6章

人権が尊重される多様性ある社会に向けて

はじめに……人権を抑圧する社会「日本」の真実に目を向けよう

古代から日本は東アジアを通して、多様な文化・民族との交流が盛んであったことが知られている。最近ふと、筆者は「今の日本は、多様性を尊重した社会なのだろうか」と考える。

テレビからは毎日、日本という国や日本人がいかに素晴らしいのかを自己礼賛する番組が溢れている。一方では、ジェンダー不平等、外国人ヘイト、学校でのいじめ、高齢者の集団自殺強要発言、特定の国への憎悪、国会の質疑で毎回のように官僚の原稿を読むだけの政治家・大臣など、人権を抑圧する事態は枚挙にいとまがない。そこからは、多様性のない不寛容な社会「日本」が見えてくる。

大企業は戦後最大の利益をあげ内部留保を積み増し、２０２２年度の大企業（資本金10億円以上）だけで５１１兆４０００億円、前年度比で27兆１０００億円増額した。この金額は、日本の実質ＧＤＰに匹敵するほど膨大である。では、この間の日本の賃金はどのような状況だったのかを日本の実質賃金上昇から見ると、１９９１年の賃金を１００とした場合、２０２０年日本は１０３、米国１４７、英国１４４、カナダ１３８、ドイツ１３４、フランス１３０〔内閣官房２０２３・９〕と、大企業の利益とは真逆に、賃金はほとんど上がっていない。そのことだけには寛容なのか、いや違う「怒りを通り越して諦め」が漂っているのかもしれない。

しかし、少し立ち止まって、日本の何が問題なのか、「人権」をキーワードに考えたい。

1　子ども・子育て支援のトラップ

２０２３年度の合計特殊出生率は１・20で、統計を取り始めて最も低いことがわかった［NHK WEB2024］。世界主要国の中では極めて低く少子化は止まらず、国の統計では２０５０年には日本の人口は現在より約３００万人減少し、９５１５万人になると予想されている。政府は、２０２４年２月に「異次元の少子化対策」を掲げ、「子ども・子育て支援法等改正法案」を閣議決定し、同年６月５日可決・成立させた。確かに政府は、少子化対策の豊富なメニューを揃えようとしていることが窺える。

同改正法の施策の多くは２０２４年10月から施行されたが、政府は「児童手当の拡充」、「子ども医療費の無償化」、「子ども３人以上扶養で教育無償化」を目玉戦略としている。しかし、本当に子ども達が未来に希望が持てる戦略なのであろうか。また、戦略の財源として期待される「子ども・子育て支援金」に関しても疑問が残る。

（1）　児童手当拡充の〝実像〟

２０２４年度税制改革との関連で、２０２４年12月から児童手当の支給対象が所得制限なしで現行中学生以下を高校生まで拡大し、一人あたり年間12万円とし、第３子以降は月額３万円とすることとなった。金額や支給年齢に関しては、先進諸外国と比べても遜色ないものとなっているように見える。(1) しかし、２０２６年以降の「扶養控除」縮小とセットになっていることを見逃してはならない。

扶養控除は、納税者に控除対象者がいる場合に、所得金額から一定の金額の所得控除が受けられる仕組みである。所得税では控除対象者１人当たり38万円から25万円に縮小、住民税では同33万円から12万円に縮小される。その結果、控除額は、所得税で年間13万円の減少、住民税で同21万円の減少となる。

例えば、片働きで高校生が１人いる世帯では、年収が２４０万円以下でない限りは児童手当12万円満額の恩恵は受けられない。児童手当の拡充を謳いながら、実態はごく僅かな世帯にしか便益をもたらさない見せかけの政策である。

（２）子ども医療費無償化、国の制度として無償化を言うべき

医療費負担の軽減に関して、「地方自治体の取組への支援」［政府２０２３：15］を謳ってはいるが、なぜ国の制度として「子ども医療費無償化」戦略を打ち出せないのか。諸外国では国の制度として無償化がトレンドである。ドイツ、フランス、英国、イタリア、カナダ、スウェーデン等では、医科診療において子どもは無償が原則で、ドイツ、イギリス、イタリア、カナダ、では、成人においても無償を原則としている。

こども家庭庁の調査で、こどもが18歳になる年度末まで通院にかかる医療費を助成する自治体が、２０２３年４月時点で１２０２あり全国の69％に上っていることがわかっている。入院にかかる費用の場合は、１２２６自治体に助成制度がある。この事実からも、もう自治体の裁量如何で、子どもの健康に格差をつけることは止めたらどうであろうか。他の先進国並みに、子ども医療費無償化は、国の制度とすべきである。

（3）　子ども3人以上扶養で高等教育無償化（大学無償化）は目玉戦略か？

2025年度から、扶養されている子どもが3人以上いる世帯の高等教育の授業料等を、第1子から無償化するとしている。(2)

本制度は「画期的」だろうか。無償化の対象は、「子が3人以上いる世帯」ではなく、実は「扶養されている子が3人以上いる世帯」を条件としている。

従って、2025年時点で、子ども3人を扶養している世帯で、第1子が大学4年生だとすれば、この条件に合致することから、同世帯においては第1子の4年生1年間の授業料は免除される。しかし、第1子が2026年3月に大学を卒業し扶養から外れてしまうと、扶養されている子は2人（第2子、第3子）となり、「子ども3人が扶養されている」条件から外れ、この世帯では第2子、第3子の大学等の入学金・授業料は免除されない。

また、2025年時点で子ども3人が扶養されているが、第1子が大学進学せず高校卒業で社会人になり扶養から外れてしまった場合は、後の2人の子が扶養されていても、3人扶養の条件も満たさないことから、兄妹が大学に進学しても大学等の入学金・授業料は免除されない。

ちなみに、厚生労働省の2022年度『国民生活基礎調査』［厚生労働省2022］では、3人以上の子ども（18歳未満）がいる世帯は、全体の僅か2・3%でしかない。ただし、この比率は年齢区分による子どもの数を表しているだけで、3人以上の子どもが全て扶養されているとは言えない。このことからも、本制度で、実際に高等教育の無償化に繋がる世帯はごく僅かだと考えられる。岸田政権では、子ども3人以上扶養で高等教育無償だと「目玉戦略」に位置付けていたが、とんだ「まやかし」である。

なぜ自公政権は、子どもの教育を受ける権利を具現化するために、すべての人の初等教育から高等教育までの無償化を法定できないのだろうか。世界は、高等教育を含めて職業教育、リカレント教育も無償化している国が多くなっている。日本国憲法が施行されて77年が経過したが、26条1項が掲げる「すべて国民は、法律の定めるところにより、その能力に応じて、ひとしく教育を受ける権利を有する」とする国民の教育権は、いったいいつになったら実施されるのであろうか。

（4）子ども・子育て「支援金制度」という名の「こども保険」構想の再来

「支援金制度」に関して、「こども方針」の本文では「支援金制度を構築する」と記されているだけで、具体的な記述はない。しかし、制度の詳細は、通常は見落としがちな脚注に、小さく、かつ具体的に記されている。

脚注では、「全世代型で子育て世帯を支える観点から、賦課対象者の広さを考慮しつつ社会保険の賦課・徴収ルールを活用する」としている。同支援金は実質的に保険制度であり、「増税ではない」と嘯くことは可能だろう。また、「こども家庭庁の下に、こども・子育て支援のための新たな特別会計（いわゆる「こども金庫」）を創設し、既存の（特別会計）事業を統合しつつ、こども・子育て政策の全体像と費用負担の見える化を進める」［政府2023：24］としていることから、「保険料収入」は、全額「こども金庫」に納付され、「こども・子育て政策」にのみ支出されることとなる。

つまり、こども金庫は、「入るを量りて出ずるを為す」制度となり、もし仮に国民が「出ずる」である「こども・子育て政策」の拡充を求めれば、結果的に「入る」である保険料（支援金）の増率（増額）を受け入れざるを得ない

資料6－1　「支援金制度」に関して

支援金制度（仮称）については、以下の点を含め、検討する。 ・現行制度における育児休業給付や児童手当等は社会保険料や子ども・子育て拠出金を財源の一部としていることを踏まえ、公費と併せ、「加速化プラン」における関連する給付の政策強化を可能とする水準とすること。 ・労使を含めた国民各層及び公費で負担することとし、その賦課・徴収方法については、賦課上限の在り方や賦課対象、低所得者に対する配慮措置を含め、負担能力に応じた公平な負担とすることを検討し、全世代型で子育て世帯を支える観点から、賦課対象者の広さを考慮しつつ社会保険の賦課・徴収ルールを活用すること。

出典：『こども未来戦略方針』2023年6月13日閣議決定、25ページ脚注より引用。

ジレンマに陥る。まさに、「異次元」のトラップである。

同支援金に近い制度は、「こども・子育て拠出金」で、児童手当の原資として事業主負担の制度である。しかし、今回の構想は事業主だけの負担で運営されるのではなく、被保険者の負担も求めることから、後期高齢者医療を全世代で支え、その費用の４割を各医療保険者が支援金として納付する「後期高齢者支援金」に最も近い。

しかし、本支援金制度は、それを原資に独立した特別会計「こども金庫」を創設する大掛かりな制度で、既存の支援金制度を単純に真似たものではなく、２０１７年に自民党「２０２０年以降の経済財政構想小委員会」がまとめた『「こども保険」導入――世代間公平のための新たなフレームワークの構築』（２０１７年３月28日）に由来すると考えるべきである。

自民党小委員会で構想された「こども保険」は、「現在、少子化対策や子育て支援は、政府の一般会計から支出している。高齢者向けの社会保障給付が急増する中で、若者や現役世代に対する予算を大幅に増やすことは難しい」［自民党２０１７a：２］とし、「こども保険」は「こどもが必要な保育・教育等を受けられないリスクを社会全体で支えるもので、年金・医療・介護に続く社会保険として、『全世代型社会保険』の第一歩になる」［自民党２０１７a：２］と、最終的には社会保障を「一つの社会保険制度」に統合する狙いがあるとも受け取れる。

また、「こども保険」が構想された2カ月後の2017年5月23日には、自民党「人生100年時代の制度設計特命委員会」は、「本年3月の小委員会の提言である『こども保険』を踏まえ」［自民党2017b：4］今後の幼児教育・保育の負担軽減、子育て対策の拡充等とその責任ある財源確保に関して「中間まとめ」を公表したとしている。さらに、同特命委員会が、「小委員会の提言である『こども保険』を踏まえて」［自民党2017b：14］創設され、政策論議の場に「新しい風」［自民党2017b：14］を起こしたと評価している。

加えて、2017年の政府の『骨太の方針2017』には、「幼児教育・保育の早期無償化や待機児童の解消に向け、財政の効率化、税、新たな社会保険方式の活用を含め、安定的な財源確保」［政府2017：9］との文言が見られ、子ども・子育て分野の社会保険方式が提案されていた。

一見「こども保険」は、必ずしも国民から支持されたわけではないが、形を変え、名を変えて「支援金制度・こども金庫」として蘇り、「異次元」のトラップが仕込まれたと見るべきである。

2　ジェンダー不平等の本質

少子化は、子ども・子育てのメニューを豊富化すれば回復できると考えるのは、あまりにも短絡的ではなかろうか。現在では、少子化の大きな要因は、「ジェンダー不平等」との指摘もある。

ジェンダー不平等は、無償の家事労働と極めて密接に関わっている。資料6－2では、主要国の女性の家事労働

資料6－2　女性の家事労働の割合と合計特殊出生率の相関関係

国　名	家事労働の男女比（女性/男性）	合計特殊出生率
日　本	5.5	1.20
韓　国	4.4	0.81
英　国	1.8	1.56
フランス	1.7	1.83
米　国	1.6	1.66
ドイツ	1.6	1.56
ノルウェー	1.4	1.55
スウェーデン	1.3	1.67

出典：家事労働の男女の時間は、OECD “Balancing paid work, unpaid work and leisure (2021)” の数値、合計特殊出生率は、世界銀行 World Bank “GLOBAL Note” May 31, 2023（https://www.globalnote.jp/post-3758.html 最終閲覧日 2024 年 1 月 15 日）を用いて筆者作成。

注：家事労働時間は、男女別の「日常の家事」、「買い物」、「世帯員のケア」、「非世帯員のケア」、「ボランティア活動」、「家事関連労働のための移動」、「その他の無償労働」の合計から算出し、家事労働の男女比は、男性に対して女性の家事労働時間の倍率を示した。従って、倍率が高いほど、女性の家事労働時間が長いことを示す。

と合計特殊出生率の相関関係を表にした。ここで示した国の全てにおいて、無償の家事労働は男性に比べ女性の方が長いことが分かる。ただ、日本と韓国以外は、2倍を超えてはいない。ところが、日本は、女性は男性に比べ5・5倍の家事労働をこなしているし、韓国では、同比率は4・4倍になっている。女性が長時間の家事労働を強いられている国は、明らかに「合計特殊出生率」が低い。つまり、女性の家事労働と合計特殊出生率には、負の相関関係があることが窺える。

ジェンダー不平等社会は、女性の無償の労働により支えられ、新自由主義と極めて親和性のある社会を構築してきた。右派にとっては、新自由主義の発展には欠くことのできない「ジェンダー不平等」を維持したいのであるが、社会はそれを認めない方向に大きく転換してきている。例えば、女性がセクハラや性暴力被害を告発するＭｅ　Ｔ

００運動などである。

国連人口基金（ＵＮＥＰＡ）は、少子化が進む国における主な要因は、ジェンダー不平等による負の側面にあるとして、「育児や家事に関して極端な性別役割分担があったり、女性（と親）が差別されるような職場だったりする場合には、女性にとっての機会費用が高くなることです。こうしたニーズに適応するために社会構造を変革できなければ、女性やカップルの生殖に関する自己決定権が損なわれるだけです」［国連人口基金２０２３：94］と指摘している。

また、国家が「皮肉なことに、『伝統的な家族観』を説けば説くほど、現実には親が自分たちの望む規模の家族を持つための助けになるどころか、これを妨げ、結果として少子化をさらに進めることにもなりかねない」［国連人口基金２０２３：94］と警鐘を鳴らしている。

少子化は、ジェンダー不平等を容認し資本の増殖のみに欲望を膨らませた新自由主義の失敗の結果であり、私たちに新自由主義と決別し、ジェンダー平等社会を目指す好機だと知らせているのではなかろうか。

結婚するか否かにかかわらず、子どもを産み育てることは、国民が「自己決定」できる「自由権」の行使とされ、今日ではセクシャル・リプロダクティブ・ヘルス＆ライツ（SRHR: Sexual and Reproductive Health and Rights 性と生殖に関する健康と権利）として確立しており、どのような形であれ国家介入は許されない。

確かに、子ども・子育て戦略でも、「結婚、妊娠・出産、子育ては個人の自由な意志決定に基づくもの」［政府２０２３：２］としながら、「高等教育費により理想のこども数を持てない状況を払拭するため、２０２５年度から、多子世帯の学生等について授業料等を無償とする」［政府２０２３：15・16］など、女性に対して子どもを産めよ増やせよとの圧力をかけている。「自由な意思決定」との文言は、単なる枕詞なのであろうか。

その脈略で理解すれば、本戦略は、「少子化・人口減少に対する危機感が、女性の身体を統制し、産ませる圧力」［三浦2023：185］であり、ミソジニー（女性処罰感情）に基づく国家介入だと言える。

基本的人権としてのセクシャル・リプロダクティブ・ヘルス＆ライツは、1995年の第4回世界女性会議で、北京行動綱領が採択され認められたもので、比較的新しい権利だといえるが、今日では、基本的人権のメルクマール（重要な目標）になっている。

北京行動綱領では、すべてのカップルと個人は「自分たちの子どもの数、出産間隔、ならびに出産する時を責任をもって自由に決定でき、そのための情報と手段を得ることができるという基本的権利、ならびに最高水準の性に関する健康およびリプロダクティブ・ヘルスを得る権利を認めることにより成立している。その権利には、人権に関する文書にうたわれているように、差別、強制、暴力を受けることなく、生殖に関する決定を行える権利も含まれる(3)」としている。

真に自由な社会を構築する上でも、ジェンダー平等を前進させることが重要であり、こども支援はその重要なファクターとなる。同時に、生活の土台としての労働政策を改善することも急務である。同一労働同一賃金の確立、不安定就労から安定就労転換支援、エッセンシャルワーカーの賃金の大幅な増額を基本に、子ども支援を考えていくべきである。

子ども・子育て支援は、経済的支援（金銭給付）を中心にするのではなく、無償の保育・教育（保育・幼児教育から高等教育まで）、無償の子ども医療を、基礎サービスとして早急に確立し、どのような家計状態であっても、子ども・子育てに心配することなく未来に展望を持てるジェンダー平等社会を目指すべきである。

３　多様な性自認や同性婚を認めていない

今日では、同性婚を実質的に認証する「パートナーシップ制度」が全国の自治体で広がっている。２０２３年４月時点でパートナーシップ制度導入自治体（制定予定も含む）は２７８カ所あり、導入自治体普及率は18・８％、人口普及率は68・４％である。しかし、日本では、同性２人による婚姻届は「不適法」として受理されない。

第１９６回国会において参議院議員逢坂誠二が「日本国憲法下の同性婚」に関して質問（２０１８年４月27日）をしたのに対して、内閣総理大臣安倍晋三は２０１８年５月11日に答弁書を国会に提出した。その中で「憲法第24条第１項は『婚姻は、両性の合意のみに基いて成立』すると規定しており、当事者双方の性別が同一である婚姻の成立を認めることは想定されていない」［内閣２０１７］、と、日本では同性婚は認められないとの見解を示した。

しかし、憲法24条１項の規定「婚姻は、両性の合意のみに基いて成立」の両性との文言は、「男性、女性」だけを指すのではなく、「男性、男性」「女性、女性」をも含むと見るべきではないだろうか。現に、憲法14条１項の「すべて国民は、法の下に平等であって、人権、信条、性別、社会的身分又は門地により、政治的、経済的又は社会関係において、差別されない」としており、同性愛も同性婚も禁止・否定されていないと理解すべきである。

また、同性婚が「憲法違反ではないこと」を、同答弁書は意図せず認めている。逢坂の質問書には、「平成26（２０１４）年６月５日、青森市長名で発行された婚姻届の『不受理証明書』には、『婚姻届』を『日本国憲法第24条第１項により受理しなかったことを証明』と記載されているが、このような判断は現行法令上、妥当なものと考えるのか」と質したのに対して、答弁書では「現行法令上、同性婚の成立を認めることができないことを踏まえたもの」とし、その根拠を「民法や戸籍法において『夫婦』とは、婚姻の当事者である男である夫及び女である妻を意味しており、同性婚は認めておらず、同性婚をしようとする者の婚姻の届出を受理することはできない」［内閣2017］と返答している。

つまり、答弁書の当該部分では、民法や戸籍法が同性婚を認めていないことを理由に掲げていることから、暗に憲法では「同性婚を禁止していない」と解釈することができる。

この点に関し、２０１５年当時法務省民事局民事第一課長であった山﨑耕史が、講演で以下のように述べている。具体的には、「憲法は同性婚を否定まではしていないのではないかという見解もあります。もしこの見解が正しいとするならば、法律で同性婚の制度を作っても憲法違反ではないという余地が出てきます。以前は、このようにして、同性の結婚届が出されてきたときは、不受理証明に憲法上問題があると書いていたこともあったようです。ただ、私が民事第一課の課長になった後は、同性の結婚届が出されたときも市区町村では、そこまで不受理証明に書いていないはずです。というのは、憲法上の問題云々というのは、恐らく市区町村で論評すること自体もなかなか困難と思われ、もちろん法務省でも容易に言えることでもありません。したがって、ここ最近では、不適法であるということで不受理証明が出されています。少なくとも現行民法が同性婚を前提としていないことは明らかだからです」[4]としており、政府が、同性婚に必要な法制度の整備を怠ってきたことにこそ問題があると読み解くことができる。

また、全国５地裁（札幌地裁、大阪地裁、東京地裁、名古屋地裁、福岡地裁）に起こされた同性婚に関する訴訟で、賠

資料６－３　同性カップルの社会的不利益の例示

公　私	不利益事項の内容
公　的	公的医療保険の被扶養者になれない
	所得税の配偶者控除・配偶者特別控除が受けられない
	夫婦として医療費合算ができず、所得税医療費が受けられない
	配偶者が要介護状態になっても介護休業を取得できない
	遺産相続できない
	養子の共同親権が認められない
	外国人の配偶者ビザ取得ができない
	遺族年金が受けられない
	借地借家権の継承ができない
私　的	配偶者として認められないことから死亡退職金が得られない
	疾病の場合でも、親族でないとして、医療機関からパートーナーの病状が知らされない

出典：筆者作成。
注：本表では、主な「社会的不利益」を列挙した。

償請求はすべて棄却されたが、現行制度は「違憲」が2件、「違憲状態」が2件、「合憲」が1件と判断が分かれた。しかし、いずれの判決においても、同性カップルが法的な保護を受けることができないことが問題だと提起した。

同性婚が認められないことで、資料6－3に示した不利益が生じている。

ただ、2024年3月26日、約20年間同居していた同性パートナーを殺害された男性が、事実婚パートナーの遺族として犯罪被害者等給付金を受給できるかをめぐって争われた訴訟で、最高裁第3小法廷は、「同性パートナーは支給対象になり得る」との判断を示したことは画期的であった。今後、他の法令でも同性婚を理由に不利に扱うことへの見直しが進むことが期待される。

ちなみに、世界的には同性婚が法定される国が増えてきている。例えば、G7参加国では、日本以外のすべての国で同性婚を法定している[5]。日本も、早急に同性婚を法定すべきではなかろうか。

4　性別変更のハードルは高い

生物学的性と性自認が別の性であるトランスジェンダーの人が戸籍上の性別を変更する際、２００４年に施行された「性同一性障害特例法（２００４年施行）」の生殖腺不能要件（資料６－４）を課すことが違憲かどうか争われた家事裁判の特別抗告審で、２０２３年10月25日最高裁大法廷（裁判長：戸倉三郎）は、「違憲」との判断を下した。

特例法は、第３条１の四において、「生殖腺がないこと又は生殖腺の機能を永続的に欠く状態にあること」とし、性別変更と引き換えに「生殖機能をなくす手術（生殖不能要件）」を求めている。最高裁大法廷は、「憲法が保障する意思に反して体を傷つけられない自由を制約しており、手術を受けるか、戸籍上の性別変更を断念するかという過酷な二者択一を迫っている」として「生殖不能要件」に関しては違憲と判断した。

ただし、第３条１の五の変更後の性別の性器に似た外観を形成する手術を求める「外観要件」に関しては、判断せず高裁に差し戻した。

第二次世界大戦後、最高裁が法令を違憲と判断したのは12件目で、この判断は画期的である。また、最高裁は「外観要件」に関しては審理を尽くす必要があるとして憲法判断はせず高裁に差し戻した。この時点では、結果的に苦痛を伴う手術をしなければ性別変更が許されないままであり、憲法13条の「すべて国民は、個人として尊重される。生命、自由及び幸福追求に対する国民の権利については、公共の福祉に反しない限り、立法その他の国政の上

資料6－4　性同一性障害特例法

（性別の取扱いの変更の審判）
第三条　家庭裁判所は、性同一性障害者であって次の各号のいずれにも該当するものについて、その者の請求により、性別の取扱いの変更の審判をすることができる。
一　十八歳以上であること。
二　現に婚姻をしていないこと。
三　現に未成年の子がいないこと。
四　生殖腺がないこと又は生殖腺の機能を永続的に欠く状態にあること。
五　その身体について他の性別に係る身体の性器に係る部分に近似する外観を備えていること。
2　前項の請求をするには、同項の性同一性障害者に係る前条の診断の結果並びに治療の経過及び結果その他の厚生労働省令で定める事項が記載された医師の診断書を提出しなければならない。

出典：平成15年法律第111号「性同一性障害者の性別の取扱いの特例に関する法律」より引用。

で、最大の尊重を必要とする」との幸福追求権に反すると言わざるを得ない。

性同一障害と診断され、性同一障害特例法に規定される「性器の外観変更手術」をしていない当事者による戸籍上の性別変更を求めた家事審判で広島高裁（裁判長：倉地真寿美）は、2024年7月10日、性別変更を認める決定を下した。

広島高裁は、外観要件を「憲法が保障する『身体への侵襲』を受けない権利を放棄して手術を受けるか、性別変更を断念するかの二者択一を迫るもの」とし、違憲の疑いがあると判断し、申立人の性別変更が認められることとなった。ただし、本家事裁判は争う相手方が存在しないことから、高裁の判断は確定するが、対象は「申立人に限定」され、同様の事例で、自動的に性別変更が認められることにはならない。

しかし、性別変更に関して手術を求める「生殖不能要件」が、2023年10月の最高裁において違憲との決定に続き、「外観要件」に関しても２０２４年７月の広島高裁において違憲性があるとの決定がなされたことは、性別変更に関して手術を要する２要件を廃止する法改正に道を開くことになったことは重要である。

既に海外では、手術要件を外すことが主流となっており、英国（２００４年）やスペイン（２００７年）では法制定時より生殖不能・手術要件は盛り込まれていない。ドイツは、２０１１年１月11日の連邦憲法裁判所判決によって、生殖不能・手術要件は違憲とされた。スウェーデン、オランダは、２０１３年に同要件を廃止した。２０１４年５月、世界保険機構（ＷＨＯ）は、手術要件は「性と生殖に関する権利（リプロダクティブ・ライツ）」を侵害するとの声明を発表［ＷＨＯ２０１４：７・８］している。また２０１７年４月６日、欧州人権裁判所が、当時のフランス政府が、トランスジェンダーに対して「外観の変化の不可逆性」の証明を求めたが、この措置を「身体の完全性が尊重される権利の放棄を課しており欧州人権条約違反」との判断を下している。

そもそも特例法の法律名に使用されている障害名「性同一性障害（Gender Identity Disorder）」は、米国では２０１３年以降「性別違和（Gender Dysphoria）」、ＷＨＯが２０１９年５月に採択したＩＣＤ―11（精神、行動、神経発達の疾患）では「性別不合（Gender Incongruence）」が使用され、世界的には脱病理化のなかで障害ではないとの概念が広がっている。しかし、日本ではＷＨＯの概念は未適用であることから、近い将来の適用を念頭においた法改正も必要である。

さて、厚生労働省は、２０２３年12月12日、性同一性障害の人が戸籍上の性別を変更する際に必要な医師の診断書に関し、生殖能力があるかどうかの記載が必須であったが、当面は不要とするとの通知を全国の自治体や関係学会に発出した。これは、同年10月の最高裁大法廷の決定で、「生殖能力要件」を違憲としたことを受けた措置と考えられる。しかし、同通知では「生殖腺機能に関する記載がなくても差し支えない」との表現で「不要」とはしていない。

5　在留外国人を都合の良い労働力の補完としか考えていない

法務省によると、在留外国人は２０２３年12月末時点で約３４２万人、前年と比べると10・９％増加している。在留資格別では、永住者が約89万人と最も多く、次いで「技能実習」で約40万人。確かに、コロナ禍明け以降は在留外国人が増えてはいるが、少子高齢化が進む日本の現状を劇的に改善させるほどの増加は見込めていない。

政府は２０２４年３月15日、第２１３回国会に、技能実習制度を廃止し「育成就労制度」の創設、「永住者」の在留資格を持つ外国人に対して、税・社会保険料納付義務を怠った場合に永住権を取り消すことができるシステムの導入を軸とした「出入国管理及び難民認定法等の一部を改正する法律案」を提出した（２０２４年６月14日、可決成立）。

その前提として、２０２３年11月30日に「技能実習制度及び特定技能制度の在り方に関する有識者会議」が取りまとめた『最終報告書』（２０２３年11月30日）がある。同報告書では、実質的には低賃金外国人労働者確保が目的化され、劣悪な環境に置かれた技能実習生の失踪が相次いだことで人権侵害の側面があると指摘されたことから、外国人人材確保と育成を目的とした「育成就労制度」創設を提案した。

日本政府は、外国人技能実習生制度に代えて外国人労働者を受け入れる「育成就労制度」を創設することで、永住許可を満たす外国人が増えることを危惧している。つまり、一時的な労働力不足を補完する意味では外国人労働者を歓迎するが、「永住には慎重」との姿勢は崩していない。

それは、同法に永住許可を取り消すことができる規程を盛り込んだことからも窺える。旧制度でも1年を越す実刑を受けた場合は永住権が失効するが、永住許可後に要件を満たさなくなったとしても原則として許可は取り消されない。しかし新制度では、税・社会保険料納付義務を怠った場合、在留カード不携帯など入管難民法違反、1年以下の懲役・禁錮刑、執行猶予の場合も、永住許可取消され、最悪の場合は強制出国の対象となる。

長年日本に在留し永住権を取得しても、貧困に陥り納税等の義務を履行できなかったり、在留カードをうっかりミスで不携帯などでさえ、永住許可の取り消しの対象となる可能性があり、永住権を持った人でさえ常に緊張した生活を送らざるを得ず、当事者の自由に生きる権利を脅かす恐れがあり、断固として許されない制度改悪だと言える。

6　外国人に対する人権侵害……特にクルド人に対する偏見と差別

日本政府観光局によると、2023年は年間で訪日外国人旅行者が2506万6100人で、コロナ禍前2019年に記録した最大値3188万2049人の8割まで回復した。2024年6月単月では、313万人で、単月では過去最高となった。この数値だけを見れば、日本は「観光地として選ばれる国」であり、お金を落とす観光者を「おもてなし」で熱烈歓迎していることは予想に難くない。

しかし、日本に長期滞在する外国人（正規滞在者や非正規滞在者）へ向けられる目は、一段と厳しくなっている。筆者は、２０２４年3月20日に埼玉県柳ヶ瀬公園で開催されたクルド人の新年を祝う祭り「ＮＥＷＲＯＺ」に参加した。クルド人だけではなく日本人や他の外国人も多数参加し、国際色豊かなフェスティバルとなった。ただ、会場正面の左側に多くの警察官が陣取り、その後方には、日の丸と旭日旗を掲げた「右翼団体」が控える光景は異様であった。

成功裡に終わった２０２４年ＮＥＷＲＯＺを中心的に支えたのがクルド人と日本人との共生を目指す「日本クルド文化協会」代表理事で東京外国語大学市民講座講師ワッカス・チョーラク氏である。筆者は、２０２３年12月以降、チョーラク氏及び同協会理事のクルト・ヌレティン氏や多くのクルド人にインタビューを実施している。

クルド人は、現在のトルコ、シリア、イラク、イラン等中東に広く居住している。クルド人口は世界で約５０００万人といわれ、トルコには約１４００万人が暮らしている。クルド人は、中世から近世にかけて、広大な領土を誇ったオスマン帝国に居住していたが、同帝国が第一次世界大戦に敗れたことで消滅し、クルド人の居住地は各国に分散した。今日までクルド人の国家は樹立されておらず、中東各国では少数民族として差別や迫害に遭っている。

クルド人が多く居住するトルコから、差別・迫害を逃れ欧米諸国で難民認定される事例が多い中、日本には１９９０年代にトルコ政府からの迫害を逃れて、蕨市、川口市に居住した幾人かのクルド人来日第一世代を頼りに、その親族や知人が集まり居住したといわれている。川口市は、鋳物産業が盛んで中小の町工場が集積し、外国人労働者に寛容であったといわれている。現在も川口市は、日本で外国人居住者の割合が最も高い自治体である(6)。川口市内に約２０００人のクルド人が居住しているといわれているが、その殆どはトルコ国籍で、川口市(7)によると在留資格があるクルド人（トルコ国籍）は１３８２人で、非正規滞在のクルド人が数百名おり、全体で約２０００人。この数は、川口市に居住する外国人全体のわずか３・５％にしか過ぎない。

川口市は、全国でも多文化共生に積極的な自治体だと言える。しかし、２０２３年7月に、クルド人同士のトラブルが刺傷事件へと発展し、搬送された病院にクルド人が１００人程度集まり騒ぎとなった。これをきっかけに、ネット上でクルド人を誹謗中傷する記述が増えた。

特にフリージャーナリストのI氏は、２０２３年5月以降、ＳＮＳを通じてクルド人に対して「テロ組織の関係者」、「無教育状態」、「半グレ」などと執拗な誹謗中傷を繰り返した。そのような中、クルド人11人が原告となり、２０２４年3月11日に誹謗中傷の投稿により名誉を傷つけられたとしてI氏に対して損害賠償を求める訴訟を東京地裁に起こした。

同年3月19日には、東京地裁への提訴に関して原告団が埼玉県川口市内で記者会見を行い、原告の1人チョーラク氏は、「学校では子どもたちが最近『国に帰れ』と言われ始めた。デマが広まることで子どもたちが一番困っている」［朝日新聞２０２４］と語った。

また、ヌレティン氏は、筆者のインタビューに対して、学校での壮絶ないじめを涙ながらに語るクルドの子どもの動画を見せてくれた。ヌレティン氏は、「いじめる日本の子どもには責任はないと思う。家庭の中で、大人が明らかに間違った情報を元に私たちクルド人のことを話すことで、日本の子どもは、『クルド人はテロリスト、怖い人たち』と信じてしまっている。私たちは、国に帰れば、クルド人だというだけで虐げられ、平和的なデモに参加するだけでも警察に逮捕され、投獄される。日本という国家を持つ日本人には想像できないかもしれないが、私たちは

資料６－５　日本の難民庇護の状況

年	難民庇護申請者	条約難民認定	補完的保護対象者	その他の庇護
2019	10,375	44		37
2020	3,936	47		44
2021	2,413	74		580
2022	3,772	202		1,760
2023	13,823	303	2	1,005

出典：法務省『令和５（2023）年における難民認定者数等について（報道発表資料）』出入国在留管理庁、2024年３月26日、「我が国における難民庇護の状況等」より筆者作成。

注：１「条約難民」とは、入管法第２条三の規定に基づき、難民として認定された者の数。

２「補完的保護対象者」とは、入管法第２条三の二の規定に基づき、補完的保護対象者として認定された者の数。

３「その他の庇護」は、入管法の条約難民・補完的保護対象者とは認定されなかったが、人道的な観点から在留許可の対象とした者の数。

国を持たないが故に日常的に差別に遭い、複雑な感情を持ちながら生きている。しかし、私たちは、この日本社会に平和的・経済的に貢献し、共生できることを願っている[8]」と語った。

２０２４年３月26日、出入国在留管理庁は『令和５（２０２３）年における難民認定者数等について』（資料６－５）を発表した。同庁によると、２０２３年に難民認定申請を行なった外国人は、１万３８２３人で前年に比べ１万００５１人増え、申請者の国籍は87カ国、申請者が最も多かったのはスリランカの３７７８人、次いでトルコの２４０６人であった。トルコ国籍の申請者数は、２０２１年多い方から２位、２０２２年同３位となっており、近年増える傾向にある。

「難民」とは、入国管理及び難民認定法（以下「入管法」）第２条三において「難民の地位に関する条約（以下「難民条約」）第１条の規定又は難民の地位に関する議定書第１条の規定により難民条約の適用を受ける難民をいう」とし、難民条約第１条Ａ(2)では、「人種、宗教、国籍もしくは社会的集団の構成員であることまたは政治的意見を理由に迫害を受けるおそれが十分に理由のある恐怖を有する」こととし、その5要件のいずれかに該当し「迫害を受ける恐怖」を有することをもって難民とするよう求めている。

トルコ国籍のクルド人が、日本において過去に難民認定審査申請により難民認定された人はいない。ただし、2022年5月20日、札幌高等裁判所第2民事部は、トルコ国籍クルド人の難民認定申請に対する難民不認定を取り消す判決を下し、国は同判決に対して上告しなかったことで、2022年7月28日、原告のクルド人が日本で初めて難民として認定された。

2023年入管法により「条約難民」として認定された者は303人で、その認定率は僅か2・19％であるが、認定者数は過去最多となった。その中でも、アフガニスタン国籍が237人と最多で、ミャンマー27人、エチオピア6人となっている。一方で、申請者の多いスリランカ国籍は1人、トルコ国籍（クルド人ではない）は3人、パキスタン国籍は0人だった。今回、難民認定審査申請によりクルド人は難民認定されなかった。全体の難民認定率が2・19％に対して、クルド人の認定者が0人であることは、日本政府による何らかの政治的意図が存在することは明らかである。EU諸国のクルド人難民認定率の平均は約20％と言われていることと比較しても、日本は異常としか言いようがない。

2021年の入管法の改訂で、難民以外に「補完的保護対象者」の条文が加わった。EU加盟国はEU法にも基づき、「補完的保護（subsidiary protection）」を各国の国内法に定めることを求めている。EU構成国以外でも、補完的保護の国内法で定めている国は、米国、オーストラリア、ニュージーランド、カナダ等がある。

日本の補完的保護対象者とは、入管法第2条三の二で「難民以外の者であって、難民条約の適用を受ける難民の要件のうち迫害を受けるおそれがある理由が難民条約第一条A(2)に規定する理由であること以外の要件を満たすものをいう」とし、つまり「5要件以外」の要件を満たすものとし、かなり狭い概念が採用された。

2023年において、補完的保護対象者認定申請者は678人で、その国籍の内訳はウクライナ人669人、ロシア人5人、ウズベキスタン、英国、シリア、スリランカの各1人であったが、実際に補完的保護対象者として認定されたのは、ウクライナ人1人、スーダン人1人、計2人だけであった。

中坂恵美子によると、「難民の定義自体は難民条約と同一のものに限定するが、難民とは別の保護のための法的地位を設けるというやり方で『補完的保護』といわれる」［安藤2024:94］とし、また中坂は、UNHCRの執行委員会が2005年に公表した『補完的な保護の形態によるものも含めた国際的保護の提供に関する結論』は、「多くの国で実施されている補完的な保護の形態は、実用的で役立つものであると評価し、難民の定義を満たさないが保護の必要な人のために補完的な保護の形態を使用することを諸国に促している」［安藤2024:94］と評価した。

諸外国での補完的保護は、難民の定義の要件も含めて、その他の事情を参酌し実行するが、日本は難民の5要件を外し「それ以外の要件」に矮小化し、加えて「迫害を受ける恐れがある」としているがこの解釈は曖昧で、その認定基準も不明確である。

また資料6－5では、近年「その他の庇護」が増える傾向にあるが、入管法の条約難民・補完的保護対象者とは認定されなかったが、「人道的な配慮を理由に在留を認めた者」［法務省2024:9］としている。本国の情勢や事情を踏まえて在留を認めたものは956人で、そのうちミャンマー人が920人と最も多い。また、日本人と婚姻し、日本人の実子を監護・養育するなど、日本での特別な事情を配慮し在留を認められた者は49人で、スリランカ9人、トルコ8人、その他32人であった。

しかし、補完的保護対象者もその他の庇護も、「条約難民」のように保護内容が明確な状態ではなく日本政府の恣意的な保護であり、本来は条約難民を認定・拡大し保護を最大化する必要がある。

また、2024年6月に施行された2021年入管法の改正で、難民認定申請が原則2回までに制限され、3回目以降は迫害の新証拠等特段の事情がなければ「強制送還」される可能性が出てくる。日本も1981年に加入した「難民の地位に関する条約」では、締約国が、生命や自由が脅かされかねない人（難民や難民申請中のもの、庇護の必要な者）が、入国を拒まれあるいはその場所に追放・送還されることを禁じるノン・ルフールマン原則（non-refoulment 原則：追放・送還禁止原則）があるが、2021年入管法改正法は、この原則からの大幅な逸脱であると言える。

仮放免にある者は、基本的な自由を束縛される。仮放免とは、難民申請したが不認定となり、退去強制書が出されたが、「退去を拒否」した場合に、強制送還あるいは入管施設収容が一時的に免れる状態で、入管の裁量で仮放免とされる。入管庁の資料によると、2022年末で仮放免者数は、最も多いのはトルコ650人（そのうちの多くがクルド人だと考えられる）、次いで中国450人、フィリッピン271人、イラン267人、スリランカ251人、他1502人で、合計3391人となっている。

在留資格のない仮放免者（非正規滞在者）は、「就労」、「県をまたいでの移動」、「国民健康保険加入」、「生活保護受給」が不可とされている。しかし、収入の最大の機会である「就労」を禁止することは、基本的人権である「生存権・生活権」を奪うものであり、決して容認できる制度ではない。

国連の国際人権（自由権）規約委員会は、２０２２年11月3日に、日本政府に対して付された総括意見を発表した。人道上の観点から仮放免制度を問題視し「仮放免中の移民に対する必要な支援と就労活動の機会確立を検討すること及び収容期間の上限導入に向けて取り組むこと」などを勧告した。同勧告に、日本政府は耳を傾けるべきである。

そもそも日本の入管法は、観光、就学、就労などのための出入国の管理と、迫害を恐れて出身国を逃れてきた難民認定を、同一の機関が実施していることに大きな矛盾があるが、その基底には、外国人の人権を蔑ろにしても構わないという思想があるのかもしれない。１９６０年代当時法務省入国管理官参与を勤めた池上努は、外国人の処遇に関して、「日本政府の全くの自由裁量に属することで、国際法上の原則からいうと『煮て食おうと焼いて食おうと自由』なのである」［池上１９６５：１６７］と言い放って憚らなかった。

難民認定に関しては、国や入管庁から独立した公平・公正な機関の設立が急務である。

おわりに……平和・共生のため

日本人の多くは、第二次世界大戦後約80年の間一度も他国と戦争はしてこなかったことを誇りに思っている（実際は、朝鮮戦争に従軍した日本人が存在した。第2章参照）。勿論、日本国憲法公布後一度も改正せず、平和憲法を護持してきた結果であることは、保守層であっても疑うことはしないであろう。

しかし、外国に眼を転じると、第二次世界大戦後も至る所で凄惨な戦争が繰り返されていた。２０２４年現在も連日のように、ロシアによるウクライナ侵攻、イスラエルとパレスチナ自治区ガザとの戦闘が繰り返し報道されているし、その他にもアフガニスタン紛争、シリア内戦、リビア内戦、イエメン内戦などが継続している。地球上で最も知恵のあるとされる人間が、同じ人間を国に命じられて殺している事実は、決して容認できることではない。

戦争は、「国を守るため、国民を守るため」と、国の支配者や軍人が「防衛」を目的として始められるのが常である。しかし、傷つき亡くなる人の多くは一般市民で、結局「戦争」は国や国民を守ったとは言えない。

人類の歴史は、嫉妬、憎しみ、差別、支配が渦巻き混沌としたものであったかもしれないが、一方で、尊敬、愛情、協働、共生、平等の理念を育み「人権」を確立してきたことも事実である。全ての人は、人種、信条、性別、宗教、社会的地位、国籍を超えて平等であり、まさにそれこそが基本的人権に通底する理念である。

人間は、常に「互いが違うこと」、「互いを尊重する」ことを意識の中心に据えることが重要であり、まさにそれは、生命の尊厳であり、人権だと言える。また、生命の尊厳・人権は、個々人の意識の中だけに留めるだけでは擁護することはできない。歴史を遡ると、権力を掌握した者が、しばしば人々の人権を蹂躙・侵害した事実があることから、権力を縛る「憲法」や「法」を制定することが重要であることも理解すべきである。

また人間は、言葉を操り、さまざまな技術や機械を発明し、制度・政策を作り上げる能力を持つことから、動物の中で唯一その置かれた環境を変えることができる存在である。その能力を、戦争の道具にするのではなく、あくまでも全ての生きとし生けるものの平和・共生のために使うべきではないだろうか。

注

（1）主要国の児童手当。英国：16歳未満の第一子から支給。ただし、教育、無報酬の就労訓練を受けている場合は20歳まで。所得制限なし。全額国庫負担。スウェーデン：16歳未満の第一子から支給。ただし、20歳未満の学生にも支給。所得制限なし。全額国庫負担。ドイツ：18歳未満の第一子から支給。ただし、失業者は21歳まで、学生は27歳まで支給。所得制限なし。財源は連邦政府74％、州政府及び自治体は26％負担。フランス：20歳未満の第二子から支給。所得制限なし。事業主拠出金5・4％、一般福祉税7・5％、による。

（2）因みに、国公立大学で入学金28万円、年間授業料54万円を免除の上限。私立大学で入学金26万円、年間授業料70万円を免除の上限で、現行の就学支援制度を援用する。

（3）内閣府男女共同参画局仮約「第4回世界女性会議行動綱領」第Ⅳ章　戦略目標及び行動　C女性と健康　第95条。https://www.gender.go.jp/international/int_norm/int_4th_kodo/chapter4-C.html 最終閲覧日2024年3月10日。

（4）戸籍時報739号（2016年6月20日発行、日本加除出版）の当時法務省民事局民事第一課長の山﨑耕史氏による講演録より。

（5）カナダ：2005年7月20日、フランス：2013年5月18日、イギリス：2014年3月29日、米国：2015年6月26日、イタリア：2016年5月11日。

（6）2022年6月末で、川口市の人口の6・45％が外国人。

（7）「第2次川口市多文化共生指針改訂版2023～2027年度」川口市協働推進課、5ページ。

（8）2024年3月16日、蕨市内での筆者によるクルト・ヌレティン氏へのインタビューによる。

引用文献（アルファベット順）

安藤由香里・小坂田裕子・北村泰三・中坂恵美子『開かれた入管・難民法をめざして――入管法「改正」の問題点』日本評論社、2024年。

朝日新聞2024年3月19日付朝刊。

法務省２０２４『令和5年における難民認定者数等について（報道発表資料）』出入国在留管理庁、２０２４年3月26日。

池上努１９６５『法的地位２００の質問』京文社、１９６５年。

自民党２０１７a「２０２０年以降の経済財政構想小委員会」『「こども保険」の導入――世代間公平のための新たなフレームワークの構築』２０１７年3月28日。

自民党２０１７b「人生１００年時代の制度設計特命委員会」『中間まとめ』２０１７年5月23日。

国連人口基金２０２３（ＵＮＥＰＡ）『世界人口白書２０２３：80億人の命、無限の可能性（日本語版）』国連人口基金駐日事務所、２０２３年4月19日。

厚生労働省２０２２『令和４年　国民生活基礎調査の概況』２０２２年7月。

三浦まり２０２３『さらば、男性政治』岩波書店、２０２３年。

内閣２０１７『答弁第２５７号』内閣総理大臣安倍晋三、２０１７年5月11日。

内閣官房２０２３『基礎資料』新しい資本主義実現本部事務局、２０２３年8月31日。

ＮＨＫ　ＷＥＢ　２０２４年6月5日付。https://www3.nhk.or.jp/news/html/20240605/k10014471471000.html 最終閲覧日２０２４年7月26日。

政府２０１７『骨太の方針２０１７』２０１７年6月9日閣議決定。

政府２０２３『こども未来戦略』２０２３年12月22日閣議決定。https://www.mhlw.go.jp/toukei/saikin/hw/k-tyosa/k-tyosa22/index.html 最終閲覧日２０２４年7月15日。

WHO2014, *Eliminating forced, coercive, and otherwise involuntary sterilization: An interagency statement*, 2014.

おわりに……亡き父との語らい

病室のドアの隙間から、背中を丸めて竹ひごに小刀を当てる父の姿が見えた。父は、２０１５年春86歳の生涯を終えた。２０１４年から体調を壊し、直腸癌であることが判った時は既にステージ４であったが、癌切除手術とストーマ（人工肛門）造設手術を受け、京都の北にあるホスピスで少しの時間生き長らえることができた。

「何作っているん」

「あー、これか。耳かきや。お医者さんや、看護師さん、死ぬのを待っている人、みんなにあげるんやがな」

いつの間に、大量の竹ひごを用意したのかは分からないが、ゆうに１００本は超える竹ひごと格闘していた。その時は、何故父が「耳かき」を作るのか、私には理解できなかった。

私は、父との思い出はそれほど多くない。父は、家にはあまり寄り付かない人で、たまに帰ってくると、説教がましいことを垂れ、子どもながらに辟易した。それでも子どもの頃は、父が帰ってきて、一緒に夕飯を食べ、川の字になって寝るのは嬉しかった。

川の字になって寝た夜には、決まって父は、「がーおー」と寝言を言って、突然起き上がり何かにすがる様な仕草をして、また眠りにつくのであった。私は、この様なことを何度か経験し、いつしかその理由が知りたくなった。小学校の高学年であったろうか、ある日、父は戦争体験を語ってくれた。今思えば、その話は小学校低学年の時にも聞いていたのかもしれない。誰しも、小学校低学年の記憶など当てにはならないので、高学年の記憶だと思っていただけなのかもしれない。

「中国戦線やったな〜。銃弾の飛び交う中、必死に三八式歩兵銃で応戦したな。数十メートル先の中国兵の頭に狙いを定めて、バーンて銃を撃ったんや。そしたら当ってな。中国兵のヘルメットが宙に舞って、あいつは倒れたんや。戦闘が収まって、土豪から出て敵を見たら、頭が半分なくなって脳みそがべろっと飛び出し血みどろになっとった。まだ、年端もいかない少年兵やったな〜。わしと同じ年代やったろうに、可哀想なことしたわ」

父の中国戦線での話は、その後何度となく訊くこととなった。父が戦争体験を語る時は、いつも目線が宙を凝視し必死に思い出し正確に伝えようとしていることが、私には理解できた。ただ、そこには常に母はいなかった。

ある時は、暗いトンネルの中で敵兵に遭遇した話をしてくれた。父は、数人の日本兵と歩兵銃を手にし、行軍途中にトンネルに入った。その時、暗い闇の中で一人の敵兵に遭遇した。距離が近かったので、銃剣での応戦となったそうだ。数分の後、父の銃剣の切っ先が敵兵の胸に吸い込まれていった。余りにもあっけない戦いだったので、人が死んだ感覚はなかったそうだ。敵兵の胸からは、止め処もなく血が湧いて出ていた。その時父は、何故この人を殺さなければならないのか、解らなかった。本当に自分にとって敵なのか、上官から敵だと言われただけで、彼には何の恨みもなかったのだ。戦場では、常に恐怖と緊張が渦巻いていた。塹壕で、銃を抱え頭上を飛び交う弾をやり過ごそうとしたが、上官の「突撃〜」の一声で、震えながら飛び出し銃を撃ちまくった。父は、倒れる日本兵を見て、敵を狙って撃った弾の多くが、実は前を行く上官や日本兵に当たったのではないか、と思った。

「日頃、体罰をする上官を恨んでいた兵士は多かったさかいな〜。どさくさ紛れに上官を撃ったかもしれんな〜」

と苦笑した。

ホスピスまでは、幹線道から少し山道を上らなければならなかった。なだらかな坂ではあったが、10分程の道のりは私でも息が切れた。

「わしな、献体しようと思うんや。医学生のために、この屍、使ってもらおうと思てな」

K大学医学部附属病院には、献体を希望した本人や家族が集う「S菊会」という組織がある。父は、そのパンフレットを病室のベッドに広げた。葬式も簡単にしてくれ、いつ遺骨が戻ってくるか分からんから、位牌と遺影を揃えてくれ、と私たちに言った。私は何度かS菊会事務所に通い、父の献体の手続きを終えた。

ある夕方、またホスピスまでの道を登った。父に、献体の手続きを終えたことを伝えた。父は、「うん、うん」と何度も頷き私の話を訊いていたが、夕陽に映る父の横顔は、どこか寂しげだった。

その頃、母の認知症は酷くなっていた。若い頃の父の悪行を、所構わず言い触れて回る日もあった。私たち子どもとしては、聞くに堪えない醜聞でもあった。

母からも、戦争体験を聞かされていた。母が生まれ育った福井県敦賀市は、戦前には軍港と軍需工場があった日本海側の小さな寒村であった。敦賀は、終戦の1945年に、米軍から3度の空襲を受けている。第一回目7月12日の空襲は、「敦賀大空襲」と呼ばれ、記録では米軍戦闘機B29が127機来襲し、焼夷弾による波状攻撃を繰り返し、市民・軍人等110名が死亡したと記録されている。第二回空襲は同じ年の7月30日で、米軍戦闘機P47が6機来襲し、日本軍歩兵と交戦したうえ、市民15名が死亡している。第三回空襲は終戦の一週間前8月8日、B29が単機来襲し、当時軍需工場となっていた「東洋紡績工場」を直撃。学徒動員で作業をしていた女学生33名が死亡した。この時の爆弾は、後に「原子爆弾の模擬弾（長崎投下型）」であったことが明らかになっている。

母は、終戦の年の4月から東洋紡績敦賀工場で、学徒動員女学生として、軍用車両タイヤの一部や布製手榴弾の製造ラインで働いていた。真夏の8月8日の昼頃だった。空襲警戒警報が鳴る中、工場の外に出て天を仰ぐと、豆粒のような飛行機が1機かろうじて見えただけであった。皆、「また、誤報か」と思ったそうである。その途端、「ヒュー」という音が轟音となり、工場の屋根を突き破って彼女たちの集団を直撃した。

「大きなカボチャのような鉄の塊が落ちてきて、友達を直撃したのや。さっきまで一緒に弁当食べとった友達が、手や足や体があっちこっちに飛び散って、見られるような光景やなかったわ。みんな、ワーワー泣いて。オロオロしとったんや」

母がこの話をしてくれたのは、私が高校生の頃だった。何故、それまで語ってくれなかったのかは分からなかったが、ずっと長い年月、あの空襲で亡くなった友に許しを乞うていたのだろうか。母は、親しくしていた友の名前をあげながら、「何で、あの子やったんやろ」と何度も首をかしげ、その光景を詳しく語った。

その日、姉から連絡があり、京都に急いで向かった。私は末の息子と、ホスピスに急いだ。父は、病室のベッドで静かに眠っていた。私たちは、父の死に目には会えなかった。母、父の子や孫たちが、狭い病室に集まり、父の遺体に向き合っていた。母は、父が亡くなったことは理解していたが、悲しみとは無縁の表情であった。私は、その日が私の誕生日だとは判っていたが、言葉に出すまいと思った。父の命日と自分の誕生日が同じ日だというのは、些か気分の良いことではなかったからだ。でも、おかげで私は、「父の命日を一生忘れない」であろう。

その日の夕方、小さな病室で、ささやかな父とのお別れ会が催された。看護師と音楽ボランティアの方が、約半年の父との思い出を嗚咽しながら語ってくれた。私たちの知らない父が、彼らの口から語られた。父は、「いつも気遣ってくれる優しい人」であった、らしい。

家族、親族は、その話を訊いても、誰一人として涙しなかった。病院の方にとっては、実に不思議な光景であったのかもしれない。

やはり耳かきは、病院のスタッフや入院患者全員に渡されていた。母が敦賀空襲を語ってくれた日、父の戦争体験のことを何気なく訊いてみた。母は、呆れた顔をした。

「はぁ、お父さんは16歳で志願して、海軍横須賀基地で訓練していただけで、外地には一度も行ってへんで。中国、そんなん行ったことあるわけないやんか。阿保やな〜。そんな話、真に受けたんかいな」と、高笑いした。

父の戦争体験が、嘘だった。俄かには信じられなかった。あまりに具体的な情景を話してくれた「あれ」が、全部作り話だったとは、我ながら、してやられた、と思った。

川の字になって眠る父が魘される姿が、戦争体験と重なり、より真実味を私に与えていた。てっきり私は、人を殺した戦争体験が、父に悪夢を見せているのだと思っていた。

父の遺品の中には、海軍横須賀基地での生活を垣間見ることができる写真が幾枚もあった。セーラー服を着て水兵帽を冠る父の姿は、まさに「軍人」そのものであった。軍事訓練の写真は遠巻きに撮られたものしかなかったが、当時の状況を考えれば、訓練も「国防機密」であり残すことはできなかったのであろう。

志願の時期が、１９４５年の戦況が悪くなってからであったことを考えれば、軍事訓練も捨て身の訓練が強要され、年端もいかない少年兵の父にとっては、実戦よりも苦痛だったのかもしれない。日本軍は、日本兵や日本人を守ったのか、沖縄の地上戦でのガマに逃げ込んだ沖縄の人々が、日本兵から自決を迫られた話は、枚挙にいとまがない。ましてや、同じ兵隊に対して、熾烈な虐待やいじめが横行していたことは想像に難くない。

戦争は、実戦に駆り出された兵隊だけでなく、訓練兵、一般市民にも大きな「心の傷（トラウマ）」を残したのであろう。父は、その「心の傷」を戦後70年ずっと癒すことができず、悪夢を見続けそれを語ることで、一時の安堵を得ていたのかもしれない。あの耳かきは、何だったのだろうか。悪夢を頭から掻き出すための道具だったのかもしれない。掻き出された「悪夢」を皆に見せ、戦争の悲惨さを知って欲しかったのかもしれない。軍国少年だった父も、最近の胡散臭い「戦争をする国」に突き進もうとする日本の状況を憂い、「まともに」なろうとしていたのであろうか。

２０１４年7月1日、政府は日本国憲法9条の解釈を変更し集団的自衛権行使を容認する閣議決定を行った。父の亡くなった年（２０１５年）の9月19日には、戦争関連法（「我が国及び国際社会の平和及び安全の確保に資するための自衛隊法等の一部を改正する法律」、「国際平和共同対処事態に際して我が国が実施する諸外国の軍隊等に対する協力支援活動等に関する法律」）が成立、同年9月30日に公布、翌年3月29日に施行され、日本は名実ともに米国と一緒に戦争ができる国となった。

戦争は、常に「国を守るため、国民を守るため」、いわば「防衛」を理由にして行われる。日本軍による侵略戦争も、アジアを欧米列強諸国から解放し、アジアの民を守るためだ、と高らかに謳っていた。

これは、国民を騙すための常套句だ。父の位牌の前には今も「耳かき」が置いてある。父は、あの世で悪夢から解放されたのであろうか。

「父さん、この世は世界の至る所で未だ『戦争』という悪夢が、頭から離れないままやで。早く、この耳かきで掻き出したいわ……」。

2024年11月14日

芝田英昭

初出一覧

第1章

「生命の尊厳と人権を問う」

『精神保健福祉ジャーナル　響き合う街で』１０１号、やどかり出版、２０２２年5月、に加筆修正

第2章

「国家権力の下で蹂躙された人々、特に女性への性暴力と人権を考える」

『精神保健福祉ジャーナル　響き合う街で』１０２号、やどかり出版、２０２２年8月、に加筆修正

第3章

「終章　性暴力における戦時と平時の連続性」

『占領期の性暴力――戦時と平時の連続性から問う』新日本出版社、２０２２年12月、に加筆修正

第4章

「軍事大国と社会保障――大砲かバターか」

『経済』№３２７、新日本出版社、２０２２年12月、に加筆修正

第5章

「マイナ保険証の強制は監視国家体制への第一歩――危機にさらされる国民皆保険制度」

『社会保障』№５１２、中央社会保障推進協議会、２０２４年1月、に加筆修正

第6章

「不寛容な社会に抗うために」

『建設労働のひろば』№１３０、東京土建一般労働組合、２０２４年4月、に加筆修正

著者
芝田英昭
1958年福井県敦賀市生まれ。博士（社会学：立命館大学）。
福井県職員、西日本短期大学専任講師、大阪千代田短期大学専任講師、立命館大学産業社会学部教授、立教大学コミュニティ福祉学部教授、立正大学社会福祉学部教授を歴任。
現在、社会保障研究者・水彩画家。

著書
『占領期の性暴力――戦時と平時の連続性から問う』新日本出版社、2022年、『くらしと社会保障』日本医療福祉生活協同組合連合会、2021年、『医療保険「一部負担」の根拠を追う――厚生労働白書では何が語られたのか』自治体研究社、2019年、『新しい社会保障の設計』文理閣、2006年、『社会保障のダイナミックスと展望――ポスト市場主義国家の社会保障を問う』法律文化社、2005年、『これからの社会保障――社会保険主義をこえて』かもがわ出版、1999年、など。

歴史に学ぶ生命《いのち》の尊厳と人権
2024年12月2日　初版第1刷発行
著　者　芝田英昭《しばたひであき》
発行者　長平　弘
発行所　株式会社　自治体研究社
郵便番号　162‒8512
東京都新宿区矢来町123
矢来ビル4階
電　話（03）3235‒5941
FAX（03）3235‒5933
E-mail:info@jichiken.jp
https://www.jichiken.jp/
印　刷
製　本　モリモト印刷株式会社
DTP　赤塚　修

ISBN978-4-88037-777-3 C0036